# Christian Morgenstern

*Galgenlieder & Gedichte*

# Christian Morgenstern

## *Galgenlieder & Gedichte*

garant

**www.garant-verlag.de**

Herstellung und Organisation: Dr. Christian Zentner, München
Illustrationen: Paul Fendi, Heinz Schlotter
Lektorat: Daniela Kronseder, Claudia Richter, München
Umschlaggestaltung und Layout: Petra Obermeier, München

ISBN 978-3-86766-209-3

# Bundeslied der Galgenbrüder

O schauerliche Lebenswirrn,
wir hängen hier am roten Zwirn!
Die Unke unkt, die Spinne spinnt,
und schiefe Scheitel kämmt der Wind.

O Greule, Greule, wüste Greule!
Du bist verflucht! so sagt die Eule.
Der Sterne Licht am Mond zerbricht.
Doch dich zerbrach's noch immer nicht.

O Greule, Greule, wüste Greule!
Hört ihr den Ruf der Silbergäule?
Es schreit der Kauz: pardauz! pardauz!
da taut's, da graut's, da braut's, da blaut's!

## Galgenbruders Lied an Sophie, die Henkersmaid

Sophie, mein Henkersmädel,
komm, küsse mir den Schädel!
Zwar ist mein Mund
ein schwarzer Schlund –
doch du bist gut und edel!

Sophie, mein Henkersmädel,
komm, streichle mir den Schädel!
Zwar ist mein Haupt
des Haars beraubt –
doch du bist gut und edel!

Sophie, mein Henkersmädel,
komm, schau mir in den Schädel!
Die Augen zwar,
sie fraß der Aar –
doch du bist gut und edel!

# Nein!

Pfeift der Sturm?
Keift ein Wurm?
Heulen
Eulen
hoch vom Turm?

Nein!

Es ist des Galgenstrickes
dickes
Ende, welches ächzte,
gleich als ob
Im Galopp
eine müdgehetzte Mähre
nach dem nächsten Brunnen lechzte
(der vielleicht noch ferne wäre).

# Das Gebet

Die Rehlein beten zur Nacht,
hab Acht!

Halb neun!

Halb zehn!

Halb elf!

Halb zwölf!

Zwölf!

Die Rehlein beten zur Nacht,
hab Acht!
Sie falten die kleinen Zehlein,
die Rehlein.

## Das Grosse Lalula

Kroklokwafzi? Sem̄emem̄i!
Seiokrontro — prafriplo:
Bifzi, bafzi; hulalem̄i:
quasti basti bo …
Lalu lalu lalu lalu la!

Hontraruru miromente
zasku zes rü rü?
Entepente, leiolente
klekwapufzi lü?
Lalu lalu lalu lala la!

Simarat kos malzlpempu
silzuzankunkrei (;)!
Marjomar dos: Quempu Lempu
Siri Suri Sei [ ]!
Lalu lalu lalu lalu la!

# Der Zwölf-Elf

Der Zwölf-Elf hebt die linke Hand:
Da schlägt es Mitternacht im Land.

Es lauscht der Teich mit offnem Mund
Ganz leise heult der Schluchtenhund.

Die Dommel reckt sich auf im Rohr
Der Moosfrosch lugt aus seinem Moor.

Der Schneck horcht auf in seinem Haus
Desgleichen die Kartoffelmaus.

Das Irrlicht selbst macht Halt und Rast
auf einem windgebrochnen Ast-

Sophie, die Maid, hat ein Gesicht:
Das Mondschaf geht zum Hochgericht.

Die Galgenbrüder wehn im Wind.
Im fernen Dorfe schreit ein Kind.

Zwei Maulwürf küssen sich zur Stund
als Neuvermählte auf den Mund.

Hingegen tief im finstern Wald
ein Nachtmahr seine Fäuste ballt:

Dieweil ein später Wanderstrumpf
sich nicht verlief in Teich und Sumpf.

Der Rabe Ralf ruft schaurig: »Kra!
Das End ist da! Das End ist da!«

Der Zwölf-Elf senkt die linke Hand:
Und wieder schläft das ganze Land.

# Der Rabe Ralf

Der Rabe Ralf
   will will hu hu
dem niemand half
   still still du du
half sich allein
am Rabenstein
   will will still still
      hu hu

Die Nebelfrau
   will will hu hu
nimmt‘s nicht genau
   still still du du
sie sagt nimm nimm
‘s ist nicht so schlimm
   will will still still
      hu hu

Doch als ein Jahr
   will will hu hu
vergangen war
   still still du du
da lag im Rot
der Rabe tot ,
   will will still still
      du du

# Das Mondschaf

Das Mondschaf steht auf weiter Flur.
Es harrt und harrt der großen Schur.
Das Mondschaf.

Das Mondschaf rupft sich einen Halm
Und geht dann heim auf seine Alm.
Das Mondschaf.

Das Mondschaf spricht zu sich im Traum:
»Ich bin des Weltalls dunkler Raum.«
Das Mondschaf.

Das Mondschaf liegt am Morgen tot.
Sein Leib ist weiß, die Sonn' ist rot.
Das Mondschaf.

# Lunovis

Lunovis in planitie stat
Cultrumque magn' expectitat
Lunovis.

Lunovis herba rapta it
In montes, unde cucurrit.
Lunovis.

Lunovis habet somnium:
Se culmen rer' ess' omnium.
Lunovis.

Lunovis mane mortuumst.
Sol ruber atque ips' albumst.
Lunovis.

# Fisches Nachtgesang

—
◡ ◡
— — —
◡ ◡ ◡ ◡
— — —
◡ ◡ ◡ ◡
— — —
◡ ◡ ◡ ◡
— — —
◡ ◡ ◡ ◡
— — —
◡ ◡
—

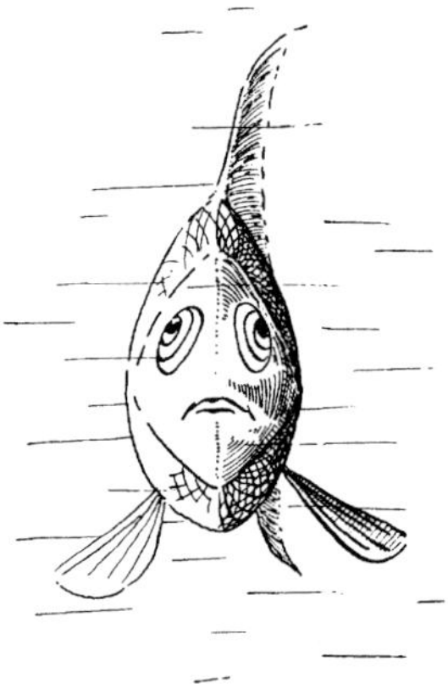

## Galgenbruders Frühlingslied

Es lenzet auch auf unserm Spahn,
o selige Epoche!
Ein Hälmlein will zum Lichte nahn
aus einem Astwurmloche.

Es schaukelt bald im Winde hin
Und schaukelt bald drin her.
Mir ist beinah, Ich wäre wer,
der ich doch nicht mehr bin . .

## Das Problem

Der Zwölf-Elf kam auf sein Problem
und sprach: Ich heiße unbequem.
Als hieß' ich etwa Drei-Vier
statt Sieben – Gott verzeih mir!

Und siehe da, der Zwölf-Elf nannt' sich
von jenem Tag ab Dreiundzwanzig.

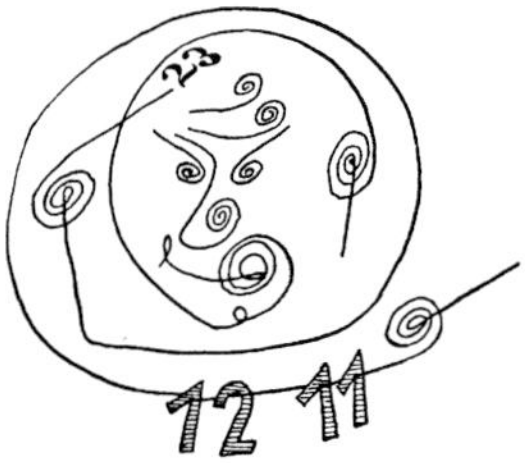


## Die Trichter

Zwei Trichter wandeln durch die Nacht.
Durch ihres Rumpfs verengten Schacht
fließt weißes Mondlicht
still und heiter
auf ihren
Waldweg
U. S. W.

# Das Hemmed

Kennst du das einsame Hemmed?
Flattertata, flattertata.

Der's trug, ist baß verdämmet!
Flattertata, flattertata.

Es knattert und rattert im Winde.
Windurudei, windurudei.

Es weint wie ein kleines Kinde.
Windurudei, windurudei.

Das ist das einsame
Hemmed.

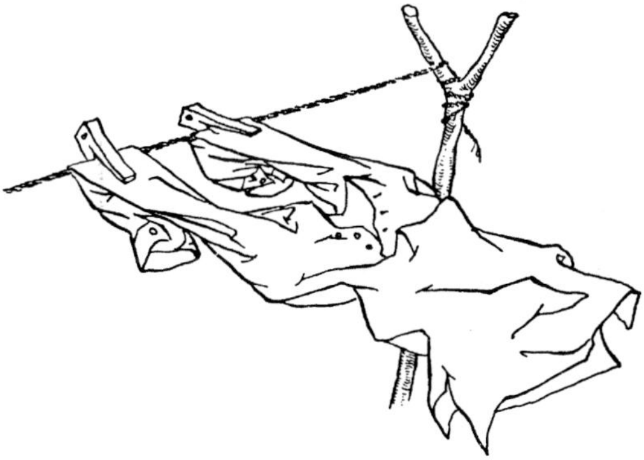

# Der Tanz

Ein Vierviertelschwein und eine Auftakteule
trafen sich im Schatten einer Säule,
die im Geiste Ihres Schöpfers stand.
Und zum Spiel der Fiedelbogenpflanze
reichten sich die zwei zum Tanze
Fuß und Hand.

Und auf seinen dreien rosa Beinen
hüpfte das Vierviertelschwein graziös,
und die Auftakteul‘ auf ihrem einen
wiegte rhythmisch ihr Gekrös.
Und der Schatten fiel,
und der Pflanze Spiel
klang verwirrend melodiös.

Doch des Schöpfers Hirn war nicht von Eisen,
und die Säule schwand, wie sie gekommen war;
und so musste denn auch unser Paar
wieder in sein Nichts zurücke reisen.
Einen letzten Strich
tat der Geigerich –
und dann war nichts weiter zu beweisen.

# Das Knie

Ein Knie geht einsam durch die Welt.
Es ist ein Knie, sonst nichts!
Es ist kein Baum! Es ist kein Zelt!
Es ist ein Knie, sonst nichts.

Im Kriege ward einmal ein Mann
erschossen um und um.
Das Knie allein blieb unverletzt –
als wär‘s ein Heiligtum.

Seitdem geht‘s einsam durch die Welt.
Es ist ein Knie, sonst nichts.
Es ist kein Baum, es ist kein Zelt.
Es ist ein Knie, sonst nichts.

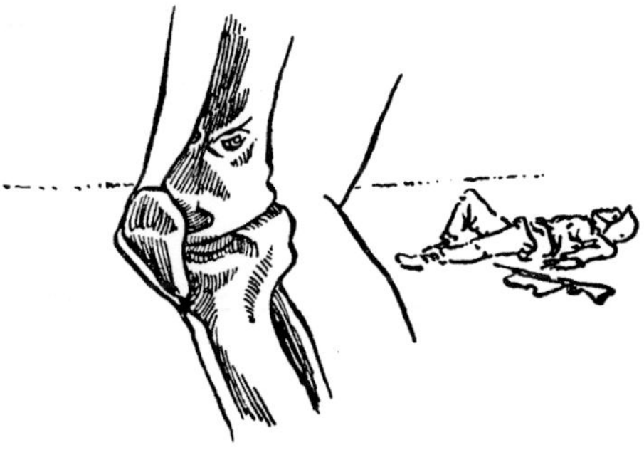

# Der Seufzer

Ein Seufzer lief Schlittschuh auf nächtlichem Eis
und trämte von Liebe und Freude.
Es war an dem Stadtwall, und schneeweiß
glänzten die Stadtwallgebäude.

Der Seufzer dacht' an ein Maidelein
und blieb erglühend stehen.
Da schmolz die Eisbahn unter ihm –
und er sank – und ward nimmer gesehen.

# Bim, Bam, Bum

Ein Glockenton fliegt durch die Nacht,
als hätt' er Vogelflügel,
er fliegt in römischer Kirchentracht
wohl über Tal und Hügel.

Er sucht die Glockontönin BIM,
die ihm vorausgeflogen;
d. h. die Sache ist sehr schlimm,
sie hat ihn nämlich betrogen.

»O komm« so ruft er, »komm, dein BAM
erwartet dich voll Schmerzen.
Komm wieder, BIM, geliebtes Lamm,
dein BAM liebt dich von Herzen!«

Doch BIM, dass ihr's nur alle wisst,
hat sich dem BUM ergeben;
der ist zwar auch ein guter Christ,
allein das ist es eben.

Der BAM fliegt weiter durch die Nacht
wohl über Wald und Lichtung.
Doch, ach, er fliegt umsonst! Das macht,
er fliegt in falscher Richtung.

# Das ästhetische Wiesel

Ein Wiesel
saß auf einem Kiesel
Inmitten Bachgeriesel.

Wisst ihr
weshalb?

Das Mondkalb
verriet es mir
Im Stillen:

Das raffinier-
te Tier
tat‘s um des Reimes willen.

# Der Schaukelstuhl auf der verlassenen Terrasse

»Ich bin ein einsamer Schaukelstuhl
und wackel im Winde, im Winde.

Auf der Terrasse, da ist es kuhl,
und ich wackel im Winde, im Winde.

Und ich wackel und nackel den ganzen Tag.
Und es nackelt und rackelt die Linde
Wer weiß, was sonst wohl noch wackeln mag
im Winde, im Winde, im Winde.«

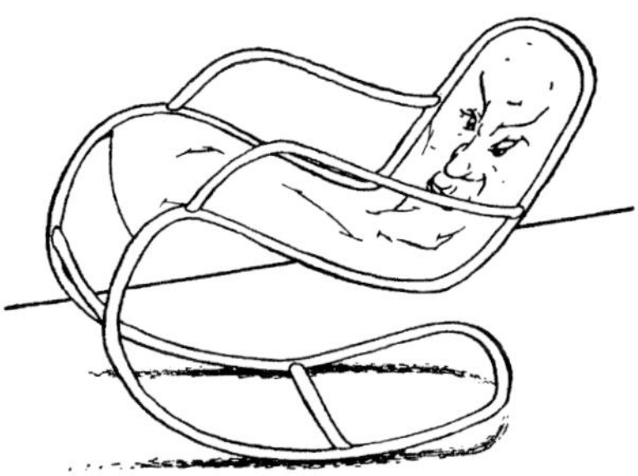

# Die Beichte des Wurms

Es lebt in einer Muschel
ein Wurm gar seltner Art;
der hat mir mit Getusches
sein Herze offenbart.

Sein armes kleines Herze,
hei, wie das flog und schlug!
Ihr denket wohl, ich scherze?
Ach, denket nicht so klug.

Es lebt in einer Muschel
ein Wurm gar seltner Art;
der hat mir mit Getuschel.
sein Herze offenbart.

# Das Weiblein mit der Kunkel

Um ‚stille Stübel schleicht des Monds
barbarisches Gefunkel –
im Gässchen hoch im Norden wohnt's,
das Weiblein mit der Kunkel.

Es spinnt und spinnt. Was spinnt es wohl?
Es spinnt und spintisieret ...
Es trägt ein weißes Kamisol,
das seinen Körper zieret.

Um stille Stübel schleicht des Monds
barbarisches Gefunkel-
im Gässchen hoch im Norden wohnt's,
Das Weiblein mit der Kunkel.

## Die Mitternachtsmaus

Wenn‘s mitternächtigt und nicht Mond
noch Stern das Himmelshaus bewohnt,
läuft zwölfmal durch das Himmelshaus
die Mitternachtsmaus.

Sie pfeift auf ihrem kleinen Maul, –
Im Traume brüllt der Höllengaul . . .
Doch ruhig läuft ihr Pensum aus
die Mitternachtsmaus.

Ihr Herr, der große weiße Geist,
ist nämlich solche Nacht verreist.
Wohl ihm! Es hütet ihm sein Haus
die Mitternachtsmaus.

## Himmel und Erde

Der Nachtwindhund weint wie ein Kind,
dieweil sein Fell von Regen rinnt.

Jetzt jagt er wild das Neumondweib,
das hinflicht mit gebognem Leib.

Tief unten geht, ein dunkler Punkt,
querüberfeld ein Forstadjunkt.

## Mondendinge

Dinge gehen vor im Mond,
die das Kalb selbst nicht gewohnt.

Tulemond und Mondamin
liegen heulend auf den Knien.

Heulend fletschen sie die Zähne
auf der schwefligen Hyäne.

Aus den Kratern aber steigt
Schweigen, das sie überschweigt.

Dinge gehen vor im Mond,
die das Kalb selbst nicht gewohnt.

Tulemond und Mondamin
liegen heulend auf den Knien . . .

# Der Gingganz

Ein Stiefel wandern und sein Knecht
von Knickebühl gen Entenbrecht.

Urplötzlich auf dem Felde drauß
begehrt der Stiefel: Zich mich aus!

Der Knecht drauf: Es ist nicht an dem;
doch sagt mir, lieber Herre, – : wem?

Dem Stiefel gibt es einen Ruck:
Fürwahr, beim heiligen Nepomuk,

ich GING GANZ in Gedanken hin . . .
Du weißt, dass ich ein andrer bin,

seitdem ich meinen Herrn verlor. . .
Der Knecht wirft beide Arm' empor,

als wollt' er sagen: Lass doch, lass!
Und weiter zieht das Paar fürbass.

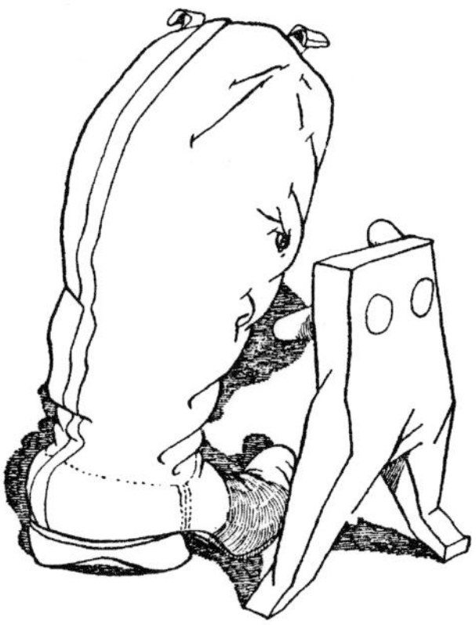

# Der Lattenzaun

Es war einmal ein Lattenzaun,
mit Zwischenraum, hindurch zu schaun.

Ein Architekt, der dieses sah,
stand eines Abends plötzlich da –

und nahm den Zwischenraum heraus
und baute draus ein großes Haus.

Der Zaun indessen stand ganz dumm,
mit Latten ohne was herum,

Ein Anblick grässlich und gemein.
Drum zog ihn der Senat auch ein.

Der Architekt jedoch entfloh
nach Afri – od – Ameriko.

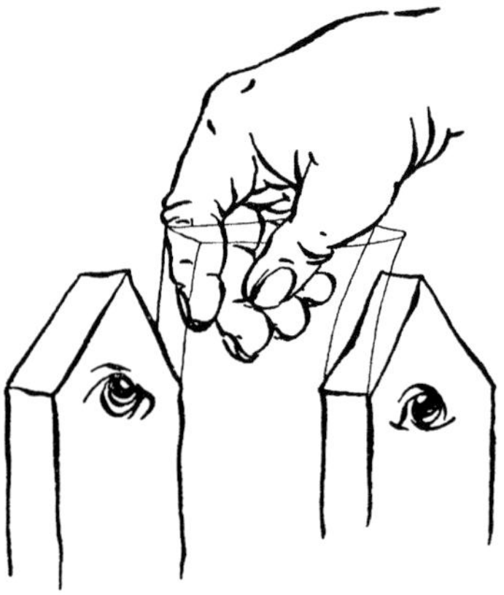

## Die beiden Flaschen

Zwei Flaschen stehn auf einer Bank,
die eine dick, die andre schlank.
Sie möchten gerne heiraten.
Doch wer soll ihnen beiraten?

Mit Ihrem Doppel-Auge leiden
sie auf zum blauen Firmament . .
Doch niemand kommt herab gerennt
und kopuliert die beiden.

## Das Lied vom blonden Korken

Ein blonder Korke spiegelt sich
In einem Lacktablett –
allein er säh' sich dennoch nich',
selbst wenn er Augen hätt'!

Das macht, dieweil er senkrecht steigt
zu seinem Spiegelbild!
Wenn man ihn freilich seitwärts neigt,
zerfällt, was oben gilt.

O Mensch, gesetzt, du spiegelst dich
Im, sagen wir, – im All!
Und senkrecht! – wärest du dann nich'
ganz in demselben Fall?

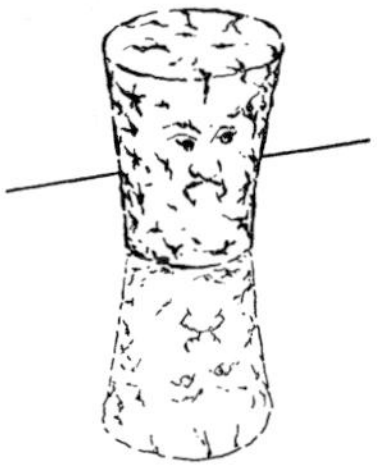

# Der Würfel

Ein Würfel sprach zu sich: Ich bin
mir selbst nicht völlig zum Gewinn!

Denn meines Wesens sechste Seite,
und sei es auch Ein Auge bloß
sieht immerdar statt in die Weite,
der Erde ewig dunklen Schoß.

Als dies die Erde, drauf er ruhte,
vernommen, ward ihr schlimm zu Mute.

Du Esel, sprach sie, ich bin dunkel,
weil dein Gesäß mich just bedeckt!
Ich bin so licht wie ein Karfunkel,
sobald du dich hinweggefleckt.

Der Würfel, innerlichst beleidigt,
hat sich nicht weiter drauf verteidigt.

## Kronprätendenten

– »Ich bin der Graf von Réaumur
und hass' euch wie die Schande!
Dient nur dem Celsio für und für,
Ihr Apostatenbande!«

Im Winkel König Fahrenheit
hat still sein Mus gegessen.
– »Ach Gott, sie war doch schön, die Zeit,
die man nach mir gemessen!«

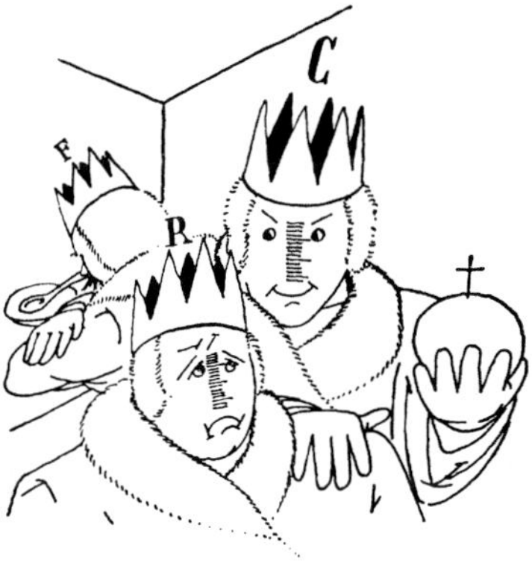


## Die Weste

Es lebt in Süditalien eine Weste
an einer Kirche dämmrigem Altar.
Versteht mich recht: Noch dient sie Gott aufs beste.
Doch wie in Adam schon Herr Hæckel war,
(zum Beispiel bloß), so stockt in diesem Reste
Brokat voll Silberblümlein wunderbar
schon heut der krause Übergang verborgen
vom Geist von gestern auf den Wanst von morgen.

# Philanthropisch

Ein nervöser Mensch auf einer Wiese
wäre besser ohne sie daran;
darum seh' er, wie er ohne diese
(meistens mindstens) leben kann.

Kaum dass er gelegt sich auf die Gräser
naht der Ameis, Heuschreck, Mück und Wurm,
naht der Tausendfuß und Ohrenbläser,
und die Hummel ruft zum Sturm.

Ein nervöser Mensch auf einer Wiese
tut drum besser, wieder aufzustehn
und dafür in andre Paradiese
(beispielshalber: weg) zu gehn.

# Der Mond

Als Gott den lieben Mond erschuf,
gab er ihm folgenden Beruf:

Beim Zu-sowohl wie beim Abnehmen
sich deutschen Lesern zu bequemen,

ein A formierend und ein Z –
dass keiner groß zu denken hätt'.

Befolgend dies ward der Trabant
ein völlig deutscher Gegenstand.

# Die Westküsten

Die Westküsten traten eines Tages zusammen
und erklärten, sie seien keine Westküsten,
weder Ostküsten noch Westküsten –
»dass sie nicht wüssten!«

Sie wollten wieder ihre Freiheit haben
und für immer das Joch des Namens abschütteln,
womit eine Horde von Menschenbütteln
sich angemaßt habe, sie zu begaben.

Doch wie sich befreien, wie sich erretten
aus diesen widerwärtigen Ketten?
Ihr Westküsten, fing eine an zu spotten,
gedenkt ihr den Menschen etwan auszurotten?

Und wenn schon! rief eine andre schrill.
Wenn ich seine Magd nicht mehr heißen will? –
Dann blieben aber immer noch die Atlanten –
meinte eine von den asiatischen Tanten.

Schließlich, wie immer in solchen Fällen,
tat man eine Resolution aufstellen.
Fünfhundert Tintenfische wurden aufgetrieben,
und mit ihnen wurde folgendes geschrieben;

Wir Westküsten erklären hiermit einstimmig,
dass es uns nicht gibt, und zeichnen hochachtungsvoll:
Die vereinigten Westküsten der Erde. –
Und nun wollte man, dass dies verbreitet werde.

Sie riefen den Walfisch, doch er tat's nicht achten;
sie riefen die Möwen, doch die Möwen lachten;
sie riefen die Wolke, doch die Wolke vernahm nicht;
sie riefen ich weiß nicht was, doch ich weiß nicht was kam nicht.

Ja, wieso denn, wieso? schrie die Küste von Ecuador:
Wärst du etwa kein Walfisch, du grober Tor?
Sehr richtig, sagte der Walfisch mit vollkommener Ruh:
Dein Denken, liebe Küste, dein Denken macht mich erst dazu.

Da war's den Küsten, als säh'n sie sich im Spiegel;
ganz seltsam erschien ihnen plötzlich Ihr Gewiegel.
Still schwammen sie heim, eine jede nach ihrem Land.
Und die Resolution, die blieb unversandt.

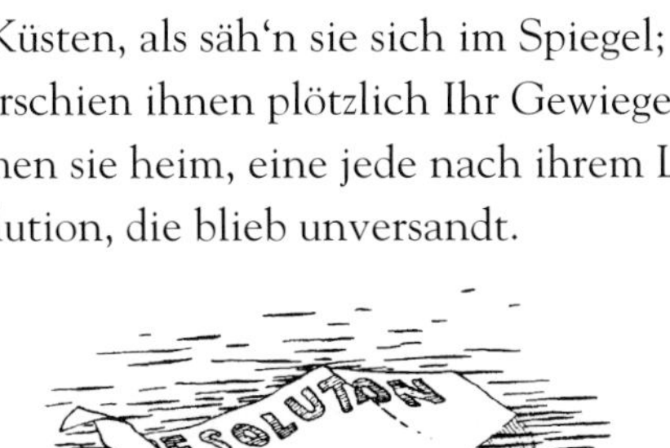

## Unter Schwarzkünstlern

Eines Mittags las man:
»Pfiffe zu mieten gesucht!
Hundertweis, zu jedem Preis!
Victor Emanuel Wasmann!«

Um sechs Uhr kam der erste Pfiff
von einem alten Kohlenschiff.
Um acht Uhr waren's tausend schon.
Um neun Uhr eine halbe Million.

Victor Emanuel Wasmann schlug
die Türe zu: Nun ist's genug!
Hört zu, ihr Pfiffe!
Ich habe einen Feind (hört! hört!),
der mir des nachts die Ruhe stört, –
auf den sollt ihr marschieren!

Er hat Gelächter angestellt,
die schickt er nachts mir an mein Bett,
da hocken sie auf der Decke,
mit Flügeln weiß und Flügeln rot,
und krähn und flattern mich zu Tod. –
Doch alles hat sein Ende.

Die Pfiffe pfiffen wie Ein Mann;
empfingen ihren Sold sodann.
(Ein Schusterjungenpfiff sogar
bot Wasmann sich als Bravo dar.)

Drauf ließ er sie durchs Ofenloch..
Doch lange stand er brütend noch,
schrieb Zeichen, hob die Hand und schwur,
ein schwarzer Meister der Natur..

*

Bald nach diesem ging
ein Herr Axel Ring
kurzerhand
außer Land. –

Wasmann hatte gesiegt.

## Unter Zeiten

Das Perfekt und das Imperfekt
tranken Sekt.
Sie stießen aufs Futurum an
(was man wohl gelten lassen kann).

Plusquamper und Exaktfutur
blinzten nur.

## Palmström

Palmström steht an einem Teiche
und entfaltet groß ein rotes Taschentuch:
Auf dem Tuch ist eine Eiche
dargestellt, sowie ein Mensch mit einem Buch.

Palmström wagt nicht sich hinein zu schneuzen, –
er gehört zu jenen Käuzen,
die oft unvermittelt-nackt
Ehrfurcht vor dem Schönen packt.

Zärtlich faltet er zusammen,
was er eben erst entbreitet.
Und kein Fühlender wird ihn verdammen,
weil er ungeschneuzt entschreitet.

# Der Traum der Magd

Am Morgen spricht die Magd ganz wild:
Ich hab heut nacht ein Kind gestillt –

ein Kind mit einem Käs als Kopf –
und einem Horn am Hinterschopf!

Das Horn, o denkt euch, war aus Salz
und ging zu essen, und dann –

»Halt's –
halt's Maul!« so spricht die Frau, »und geh
an deinen Dienst, Zä-zi-li-é!«

## Das Nasobēm

Auf seinen Nasen schreitet
einher das Nasobēm,
von seinem Kind begleitet.
Es steht noch nicht im Brehm.

Es steht noch nicht im Meyer.
Und auch im Brockhaus nicht.
Es trat aus meiner Leyer
zum ersten Mal ans Licht.

Auf seinen Nasen schreitet
(wie schon gesagt) seitdem,
von seinem Kind begleitet,
einher das Nasobēm.

# Anto-logie

Im Anfang lebte, wie bekannt,
als größter Säuger der Gig-ant.

Wobei gig eine Zahl ist, die
es nicht mehr gibt, – so groß war sie!

Doch jene Größe schwand wie Rauch.
Zeit gab's genug – und Zahlen auch.

Bis eines Tags, ein winzig Ding,
der Zwölef-ant das Reich empfing.

Wo blieb sein Reich? Wo blieb er selb?-
Sein Bein wird im Museum gelb.

Zwar gab die gütige Natur
den Elef-anten uns dafur.

Doch ach, der Pulverpavian,
der Mensch, voll Gier nach seinem Zahn,

erschießt ihn, statt ihm Zeit zu lassen,
zum Zehen-anten zu verblassen.

O »Klub zum Schutz der wilden Tiere«,
hilf, dass der Mensch nicht ruiniere

die Sprossen dieser Riesenleiter,
die stets noch weiter führt und weiter!

Wie dankbar wird der Ant dir sein,
lässt du ihn wachsen und gedeihn, –

bis er dereinst im Nebel hinten
als Nulel-ant wird stumm verschwinden.

# Die Hysterix

Das hinterindische Stachelschwein
(hystrix grotei Gray),
das hinterindische Stachelschwein
aus Siam, das tut weh.

Entdeckst du wo im Walde drauß
bei Siam seine Spur,
dann tritt es manchmal, sagt man, aus
den Schranken der Natur.

Dann gibt sein Zorn ihm so Gewalt,
dass, eh‘ du dich versiehst,
es seine Stacheln jung und alt
auf deinen Leib verschießt.

Von oben bis hinab sodann
stehst du gespickt am Baum,
ein heiliger Sebastian,
und traust den Augen kaum.

Die Hystrix aber geht hinweg,
an Leib und Seele wüst.
Sie sitzt im Dschungel im Versteck
und büßt.

# Die Probe

Zu einem seltsamen Versuch
erstand ich mir ein Nadelbuch.

Und zu dem Buch ein altes zwar,
doch äußerst kühnes Dromedar.

Ein Reicher auch daneben stand,
zween Säcke Gold in jeder Hand.

Der Reiche ging alsdann herfür
und klopfte an die Himmelstür

Drauf Petrus sprach: »Geschrieben steht,
dass ein Kamel weit eher geht

durchs Nadelöhr, als Du, du Heid
durch diese Türe groß und breit!«

Ich, glaubend fest an Gottes Wort,
ermunterte das Tier sofort,

Ihm zeigend hinterm Nadelöhr
ein Zuckerhörnchen als Douceur.

Und in der Tat! Das Vieh ging durch,
obzwar sich quetschend wie ein Lurch!

Der Reiche aber sah ganz stier
und sagte nichts als: Wehe mir!

# Im Jahre 19000

Die Ameisen oder Emsen
sind so weit jetzt, dass sie Gemsen
sich als Sklaven halten (aus
Gründen ihres Körperbaus).

Da sie selber sehr viel kleiner,
so bedienen sie sich einer
Gemse oder zweier Gemsen
zu Gebirgspartien, die Emsen.

Ist sodann ein Adlernest
abgesucht bis auf den Rest,
gehn sie endlich, zog der Weih
schon den Ameisbären bei,

wieder ihm aus Horst und Rock –
und besteigen ihren Bock,
der sie, wie ein Stein, der springt,
heim zu ihrem Hügel bringt.

Angepflöckt, so stehn die Gemsen
In der Nähe dort der Emsen,
bei den Läusen u. s. w.
und verwünschen ihre Reiter.

# Der Gaul

Es lautet beim Professor Stein.
Die Köchin rupft die Hühner.
Die Minna geht: Wer kann das sein? –
Ein Gaul steht vor der Türe.

Die Minna wirft die Türe zu.
Die Köchin kommt: Was gibt's denn?
Das Fräulein kommt im Morgenschuh.
Es kommt die ganze Familie.

»Ich bin, verzeihn Sie«, spricht der Gaul,
»der Gaul vom Tischler Bartels.
Ich brachte Ihnen dazumaul
die Tür und Fensterrahmen!«

Die vierzehn Leute samt dem Mops,
sie stehn, als ob sie träumten.
Das kleinste Kind tut einen Hops,
die andern stehn wie Bäume.

Der Gaul, da keiner ihn versteht,
schnalzt bloß mal mit der Zunge,
dann kehrt er still sich ab und geht
die Treppe wieder hinunter.

Die dreizehn schaun auf Ihren Herrn,
ob er nicht sprechen möchte.
Das war, spricht der Professor Stein,
ein unerhörtes Erlebnis! . .

## Der heroische Pudel

Ein schwarzer Pudel, dessen Haar
des abends noch wie Kohle war,
betrübte sich so höllenheiß,
weil seine Dame Flügel spielte,
trotzdem er heulte; dass (o Preis
dem Schmerz, der solchen Sieg erzielte!)
er beim Gekräh der Morgenhähne
aufstand als wie ein hoher Greis –
mit einer silberweißen Mähne.

## Das Huhn

In der Bahnhofhalle, nicht für es gebaut,
geht ein Huhn
hin und her...
Wo, wo ist der Herr Stationsvorsteh'r?
Wird dem Huhn
man nichts tun?
Hoffen wir es! Sagen wir es laut:
dass ihm unsre Sympathie gehört,
selbst an dieser Stätte, wo es – ‚stört'!

# Möwenlied

Die Möwen sehen alle aus,
als ob sie Emma hießen.
Sie tragen einen weißen Flaus
und sind mit Schrot zu schießen.

Ich schieße keine Möwe tot,
Ich lass sie lieber leben –
und füttre sie mit Roggenbrot
und rötlichen Zibeben.

O Mensch, du wirst nie nebenbei
der Möwe Flug erreichen.
Wofern du Emma heißest, sei
zufrieden, ihr zu gleichen.

# Igel und Agel

Ein Igel saß auf einem Stein
und blies auf einem Stachel sein.
Schalmeiala, schalmeialü!
Da kam sein Feinslieb Agel
und tat ihm schnigel schnagel
zu seinen Melodein.
Schnigula schnagula
schnaguleia lü!

Das Tier verblies sein Flötenhemd...
»Wie siehst Du aus so furchtbar fremd!?«
Schalmeiala, schalmeialü – .
Feins Agel ging zum Nachbar, ach!
Den Igel aber hat der Bach
zum Weiher fortgeschwemmt.
Wigula wagula
waguleia wü
tü tü .

# Der Werwolf

Ein Werwolf eines Nachts entwich
von Weib und Kind und sich begab
an eines Dorfschullehrers Grab
und bat ihn: Bitte, beuge mich!

Der Dorfschulmeister stieg hinauf
auf seines Blechschilds Messingknauf
und sprach zum Wolf, der seine Pfoten
geduldig kreuzte vor dem Toten:

»Der Werwolf« – sprach der gute Mann,
»des Weswolfs«, Genitiv sodann,
»dem Wemwolf«, Dativ, wie man's nennt,
»den Wenwolf«, – »damit hat's ein End«.

Dem Werwolf schmeichelten die Fälle,
er rollte seine Augenbälle.
Indessen, bat er, füge doch
zur Einzahl auch die Mehrzahl noch!

Der Dorfschulmeister aber musste
gestehn, dass er von ihr nichts wusste.
Zwar Wölfe gäb's in großer Schar,
doch »Wer« gäb's nur im Singular.

Der Wolf erhob sich tränenblind –
er hatte ja doch Weib und Kind!!
Doch da er kein Gelehrter eben,
so schied er dankend und ergeben.

# Die Fingur

Es lacht die Nachtalp-Henne,
es weint die Windhorn-Gans,
es bläst der schwarze Senne
zum Tanz.

Ein Uhu-Tauber turtelt
nach seiner Uhuin.
Ein kleiner Sechs-Elf hurtelt
von Busch zu Busch dahin..

Und Wiedergänger gehen,
und Raben rufen kolk,
und aus den Teichen sehen
die Fingur und ihr Volk ...

# Km 21

Ein Rabe saß auf einem Meilenstein
und rief Ka-em-zwei-ein, Ka-em-zwei-ein..

Der Werhund lief vorbei, im Maul ein Bein,
Der Rabe rief Ka-em-zwei-ein, zwei-ein.

Vorüber zottelte das Zapfenschwein,
der Rabe rief und rief Ka-em-zwei-ein.

»Er ist besessen!« - kam man überein.
»Man führe ihn hinweg von diesem Stein!«

Zwei Hasen brachten ihn zum Kräuterdachs.
Sein Hirn war ganz verstört und weich wie Wachs.

Noch sterbend rief er (denn er starb dort) sein
Ka-em-zwei-ein, Ka-em-Ka-em-zwei-ein . .

# Geiss und Schleiche

Die Schleiche singt ihr Nachtgebet,
die Waldgeiß staunend vor ihr steht.

Die Waldgeiß schüttelt ihren Bart,
wie ein Magister Hochgelahrt.

Sie weiß nicht, was die Schleiche singt,
sie hört nur, dass es lieblich klingt.

Die Schleiche fällt in Schlaf alsbald.
Die Geiß geht sinnend durch den Wald.

## Der Purzelbaum

Ein Purzelbaum trat vor mich hin
und sagte: »Du nur siehst mich
und weißt, was für ein Baum ich bin:
Ich schieße nicht, man schießt mich.

Und trag' ich Frucht? Ich glaube kaum;
auch bin ich nicht verwurzelt.
Ich bin nur noch ein Purzeltraum,
sobald ich hingepurzelt.«

Jenun, so sprach ich, bester Schatz,
du bist doch klug und siehst uns; –
nun, auch für uns besteht der Satz:
wir schießen nicht, es schießt uns.

Auch Wurzeln treibt man nicht so bald,
und Früchte nun erst recht nicht.
Geh heim in deinen Purzelwald,
und lästre dein Geschlecht nicht.

# Die zwei Wurzeln

Zwei Tannenwurzeln groß und alt
unterhalten sich im Wald.

Was droben in den Wipfeln rauscht,
das wird hier unten ausgetauscht.

Ein altes Eichhorn sitzt dabei
und strickt wohl Strümpfe für die zwei.

Die eine sagt: knig. Die andre sagt: knag.
Das ist genug für einen Tag.

## Der Abend ruft:

Komm heraus auf die Altane:
Sieh des Mondes Sichel grünen
und der Berge blaue Bühnen,
deren Nachtstück freudig ahne!

Bald aus blassem Hintergrunde
kommt der erste Stern getreten;
denn schon naht des Schauspiels Stunde,
rüsten Sonnen und Planeten.

Komm heraus auf die Altane!
Sieh, aus bleichem Weitengrunde
ruf ich überall die Meinen.
Bald nun schlägt des Schauspiels Stunde,
werden Dir und Margareten,
horch! die Mütter groß erscheinen.

## Galgenberg

Blödem Volke unverständlich
treiben wir des Lebens Spiel.
Gerade das, was unabwendlich
fruchtet unserm Spott als Ziel.

Magst es Kinder-Rache nennen
an des Daseins tiefem Ernst;
wirst das Leben besser kennen,
wenn du uns verstehen lernst.

# Der Walfafisch
## oder
## Das Überwasser

Das Wasser rinnt, das Wasser spinnt,
bis es die ganze Welt gewinnt.
Das Dorf ersäuft,
die Eule läuft,
und auf der Eiche sitzt ein Kind.

Dem Kind sind schon die Beinchen nass,
es ruft: das Wass, das Wass, das Wass!
Der Walfisch weint
und sagt, mir scheint,
es regnet ohne Unterlass.

Das Wasser rann mit zasch und zisch,
die Erde ward zum Wassertisch.
Und Kind und Eul‘,
o gräul, o gräul –
sie frissifraß der Walfafisch.

# Der Hecht

Ein Hecht, vom heiligen Anton
bekehrt, beschloss, samt Frau und Sohn,
am vegetarischen Gedanken
moralisch sich empor zu ranken.

Er aß seit jenem nur noch dies:
Seegras, Seerose und Seegries.
Doch Gries, Gras, Rose floss, o Graus,
entsetzlich wieder hinten aus.

Der ganze Teich ward angesteckt.
Fünfhundert Fische sind verreckt.
Doch Sankt Anton, gerufen eilig,
sprach nichts als: Heilig! heilig!‘ heilig!

# Der Nachtschelm und das Siebenschwein
## oder
## Eine glückliche Ehe

Der Nachtschelm und das Siebenschwein,
die gingen eine Ehe ein,
o wehe!
Sie hatten dreizehn Kinder, und
davon war eins der Schluchtenhund,
zwei andre waren Rehe.

Das vierte war die Rabenmaus,
das fünfte war ein Schneck samt Haus,
o Wunder!
Das sechste war ein Käuzelein,
das siebte war ein Siebenschwein
und lebte in Burgunder.

Acht war ein Gürteltier nebst Gurt,
neun starb sofort nach der Geburt,
o wehe!
Von zehn bis dreizehn ist nicht klar, -
doch wie dem auch gewesen war,
es war eine glückliche Ehe!

## Die beiden Esel

Ein finstrer Esel sprach einmal
zu seinem ehlichen Gemahl:

‚Ich bin so dumm, du bist so dumm,
wir wollen sterben gehen, kumm!‘

Doch wie es kommt so öfter eben:
Die beiden blieben fröhlich leben.

## Der Steinochs

Der Steinochs schüttelt stumm sein Haupt,
das jeder seine Kraft ihm glaubt.
Er spießt dich plötzlich auf sein Horn
und bohrt von hinten dich bis vorn.
Weh!

Der Steinochs lebt von Berg zu Berg,
vor ihm wird, was da wandelt, Zwerg.
Er nährt, sich meist - und das ist neu –
von menschlicher Gehirne Heu.
Weh!

Der Steinochs ist kein Tier, das stirbt,
dieweil sein Fleisch niemals verdirbt.
Denn wir sind Staub, doch er ist Stein!
Du möchtest wohl auch Steinochs sein?
He?

# TAPETENBLUME

‚Tapetenblume bin ich fein,
kehr‘ wieder ohne Ende,
doch, statt im Mai‘n und Mondenschein,
auf jeder der vier Wände.

Du siehst mich nimmerdar genung,
so weit du blickst im Stübchen,
und folgst du mir per Rösselsprung –
wirst du verrückt, mein Liebchen.‘

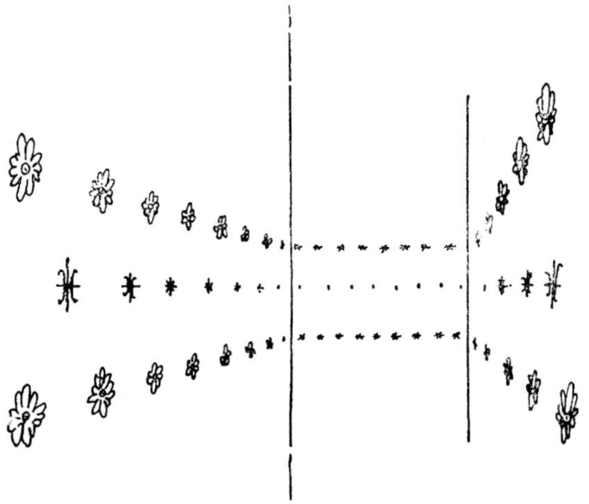

## Das Wasser

Ohne Wort, ohne Wort
rinnt das Wasser immerfort;
andernfalls, andernfalls
spräch‘ es doch nichts andres als:

Bier und Brot, Lieb und Treu, –
und das wäre auch nicht neu.
Dieses zeigt, dieses zeigt,
dass das Wasser besser schweigt.

## Wer denn?

‚Ich gehe tausend Jahre
um einen kleinen Teich,
und jedes meiner Haare
bleibt sich im Wesen gleich,

im Wesen wie im Guten,
das ist doch alles eins;
so mag uns Gott behuten
in dieser Welt des Scheins!‘

# Die Luft

Die Luft war einst dem Sterben nah.

‚Hilf mir, mein himmlischer Papa',
so rief sie mit sehr trübem Blick,
‚ich werde dumm, ich werde dick;
du weißt ja sonst für alles Rat –
schick mich auf Reisen, in ein Bad,
auch saure Milch wird gern empfohlen; –
wenn nicht – lass ich den Teufel holen!'

Der Herr, sich scheuend vor Blamage,
erfand für sie die – Tonmassage.

Es gibt seitdem die Welt, die – schreit.
Wobei die Luft famos gedeiht.

## Zäzilie

Das Erste, des Zäzilie beflissen,
ist dies: sie nimmt von Tisch und Stuhl
die Bücher
und legt sie Stück auf Stück, wie
Taschentücher,
jeweils nach bestem Wissen und Gewissen.

Desgleichen ordnet sie die Schreibereien,
die Hefte, Mappen, Bleis und Gänsekiele,
vor Augen nur das eine, Ziel der Ziele,
dem Genius Ordnung das Gemach zu
weihen.

Denn Sauberkeit ist nicht zwar ihre Stärke,
doch Ordnung, Ordnung ist ihr eingeboren.
Ein Scheuerweib ist nicht an ihr verloren.
Dafür ist Symmetrie in ihrem Werke.

Zäzilie soll die Fenster putzen,
sich selbst zum Gram, jedoch dem Haus
zum Nutzen.

Durch meine Fenster muss man, spricht die
Frau,
so durchsehn können, dass man nicht genau
erkennen kann, ob dieser Fenster Glas
Glas oder bloße Luft ist. Merk dir das.

Zäzilie ringt mit allen Menschen-Waffen...
Doch Ähnlichkeit mit Luft ist nicht zu
schaffen.

Zuletzt ermannt sie sich mit einem Schrei –
und schlägt die Fenster allesamt entzwei!
Dann säubert sie die Rahmen von den Resten,
und ohne Zweifel ist es so am besten.
Sogar die Dame spricht zunächst verdutzt:
So hat Zäzilie ja noch nie geputzt.

Doch alsobald ersieht man, was geschehn,
und sagt einstimmig: Diese Magd muss gehn.

## Das Fest des Wüstlings

Was stört so schrill die stille Nacht?
Was sprüht der Lichter Lüstrepracht?
Das ist das Fest des Wüstlings!

Was huscht und hascht und weint und lacht?
Was cymbelt gell? Was flüstert sacht?
Das ist das Fest des Wüstlings!

Die Pracht der Nacht ist jach entfacht!
Die Tugend stirbt, das Laster lacht!
Das ist das Fest des Wüstlings!

## Galgenkindes Wiegenlied

Schlaf, Kindlein, schlaf,
am Himmel steht ein Schaf,
das Schaf, das ist aus Wasserdampf
und kämpft wie du den Lebenskampf.
Schlaf, Kindlein, schlaf.

Schlaf, Kindlein, schlaf,
die Sonne frisst das Schaf,
sie leckt es weg vom blauen Grund
mit langer Zunge wie ein Hund.
Schlaf, Kindlein, schlaf.

Schlaf, Kindlein, schlaf.
Nun ist es fort, das Schaf.
Es kommt der Mond und schilt sein Weib;
die läuft ihm weg, das Schaf im Leib.
Schlaf, Kindlein, schlaf.

## Wie sich das Galgenkind die Monatsnamen merkt

Jaguar
Zebra
Nerz
Mandrill
Maikäfer
Ponny
Muli
Auerochs
Wespenbär
Locktauber
Robbenbär
Zehenbär.

## Das Böhmische Dorf

Palmström reist, mit einem Herrn v. Korf,
in ein so genanntes Böhmisches Dorf.

Unverständlich bleibt ihm alles dort,
von dem ersten bis zum letzten Wort.

Auch v. Korf (der nur des Reimes wegen
ihn begleitet) ist um Rat verlegen.

Doch just dieses macht ihn blass vor Glück.
Tiefentzückt kehrt unser Freund zurück.

Und er schreibt in seine Wochenchronik:
Wieder ein Erlebnis, voll von Honig!

# Nach Norden

Palmström ist nervös geworden;
darum schläft er jetzt nach Norden.

Denn nach Osten, Westen, Süden
schlafen, heißt das Herz ermüden.

(Wenn man nämlich in Europep lebt,
nicht südlich in den Tropen.)

Solches steht bei zwei Gelehrten,
die auch Dickens schon bekehrten –

und erklärt sich aus dem steten
Magnetismus des Planeten.

Palmström also heilt sich örtlich,
nimmt sein Bett und stellt es nördlich.

Und im Traum, in einigen Fällen,
hört er den Polarfuchs bellen.

## Westöstlich

Als er dies v. Korf erzählt,
fühlt sich dieser leicht gequält;

denn für ihn ist Selbstverstehung,
dass man mit der Erdumdrehung

schlafen müsse, mit den Pfosten
seines Körpers strikt nach Osten.

Und so scherzt er kaustisch-köstlich:
Nein, mein Diwan bleibt – westöstlich!

## Der vorgeschlafene Heilschlaf

Palmström schläft vor zwölf Experten
den berühmten Schlaf vor Mitternacht',
seine Heilkraft zu erhärten.

Als er, da es zwölf, erwacht,
sind die zwölf Experten sämtlich müde.
Er allein ist frisch wie ein junger Rüde!

## Bildhauerisches

Palmström haut aus seinen Federbetten,
sozusagen, Marmorimpressionen:
Götter, Menschen, Bestien und Dämonen.

Aus dem Stehgreif fasst er in die Daunen
des Plumeaus und springt zurück,
zu prüfen, leuchterschwingend, seine
Schöpferlaunen.

Und im Spiel der Lichter und der Schatten
schaut er Zeusse, Ritter und Mulatten,
Tigerköpfe, Putten und Madonnen…

träumt: wenn Bildner all dies wirklich
schüfen,
würden sie den Ruhm des Alters retten,
würden Rom und Hellas übersonnen!

## Lärmschutz

Palmström liebt, sich in Geräusch
zu wickeln,
teils zur Abwehr wider fremde Lärme,
teils um sich vor drittem Ohr zu schirmen.

Und so lässt er sich um seine Zimmer
Wasserröhren legen, welche brausen.
Und ergeht sich, so behütet, oft in

stundenlangen Monologen, gleich dem
Redner
von Athen, der in die Brandung brüllte,

gleich Demosthenes am Strand des Meeres.

## ‚Lore'

Wie heißt der Papagei? wird mancher fragen.
Doch nie wird jemand jemandem dies sagen.

Er ward einmal mit „Lore" angesprochen
und fiel darauf in Wehmut viele Wochen.

Er ward erst wieder voll und ganz gesund
durch einen Freund: Fritz Kunkels jungen Hund.

## Zukunftssorgen

Korf, den Ahnung leicht erschreckt,
sieht den Himmel schon bedeckt
von Ballonen jeder Größe
und verfertigt ganze Stöße
von Entwürfen zu Statuten
eines Klubs zur resoluten
Wahrung der gedachten Zone
vor der Willkür der Ballone.

Doch er ahnt schon, ach, beim Schreiben
seinen Klub im Rückstand bleiben:
dämmrig, dünkt ihn, wird die Luft
und die Landschaft Grab und Gruft.
Er begibt sich drum der Feder,
steckt das Licht an (wie dann jeder),
tritt damit bei Palmström ein,
und so sitzen sie zu zwein.

Endlich, nach vier langen Stunden,
ist der Albdruck überwunden.

Palmström bricht zuerst den Bann:
Korf, so spricht er, sei ein Mann!
Du vergreifst dich im Jahrzehnt:
Noch wird all das erst ersehnt,
was, vom Geist dir vorgegaukelt,
heut dein Haupt schon überschaukelt.

Korf entrafft sich dem Gesicht.
Niemand fliegt im goldnen Licht!
Er verlöscht die Kerze schweigend.
Doch dann, auf die Sonne zeigend,
spricht er: Wenn nicht jetzt, so einst –
kommt es, dass du nicht mehr scheinst,
wenigstens nicht uns, den – grausend
sag ich's: Unteren Zehntausend!...

Wieder sitzt v. Korf danach
stumm in seinem Schreibgemach
und entwirft Statuten eines
Klubs zum Schutz des Sonnenscheines.

## Das Warenhaus

Palmström kann nicht ohne Post
leben:
Sie ist seiner Tage Kost.

Täglich dreimal ist er ganz
Spannung.
Täglich ist's der gleiche Tanz:

Selten hört er einen Brief
plumpen
in den Kasten breit und tief.

Düster schilt er auf den Mann,
welcher,
wie man weiß, nichts dafür kann.

Endlich kommt er drauf zurück,
auf das:
‚Warenhaus für Kleines Glück'.

Und bestellt dort, frisch vom Rost,
(quasi):
ein Quartal – ‚Gemischte Post'!

Und nun kommt von früh bis spät
Post von
aller Art und Qualität.

Jedermann teilt sich ihm mit,
brieflich,
denkt an ihn auf Schritt und Tritt.

Palmström sieht sich in die Welt
plötzlich
Überall hineingestellt...

Und ihm wird schon wirr und weh...
Doch es
ist ja nur das – W. K. G.‘

## Bona fide

Palmström geht durch eine fremde Stadt...
Lieber Gott, so denkt er, welch ein Regen!
Und er spannt den Schirm auf, den er hat.

Doch am Himmel tut sich nichts bewegen,
und kein Windhauch rührt ein Blatt.
Gleichwohl darf man jenen Argwohn
hegen.

Denn das Pflaster, über das er wandelt,
ist vom Magistrat voll List – gesprenkelt.
Bona fide hat der Gast gehandelt.

# Theater

Palmström denkt sich Dieses aus:
Ein quadratisch Bühnenhaus,
mit (v. Korf begreift es kaum)
drehbarem Zuschauerraum.
Viermal wechselt Dichters Welt,
viermal wirst du umgestellt.
Auf vier Bühnen tief und breit
schaust du basse Wirklichkeit.
Denn in dieser Quadratur,
wo pro Jahr Ein Drama nur,
wird natürlich jeder Akt
höchst veristisch angepackt.
Mauern siehst du als von Stein,
Bäche murmeln quick und rein,
Erdreich riechst du schlecht und recht,
Gras und Baum blühn wurzelecht.
Alles steht hier für ein Jahr und ist deshalb
wirklich wahr. –
Palmström macht sich ein Modell:
formt aus Rauschgold einen Quell
und aus Schächtelchen ein Dorf ..
und verehrt das Ganze Korf.
Korf lässt dies Problem nicht schlafen,
und er fühlt sich erst im Hafen,
als er Palmström, voll vom Geist,
eine Art von – Zollstock weist.

Siehst du diesen Zollstock, spricht er;
dieser Zollstock ist ein Dichter:
brich mit Kunst ihn hin und wieder,
nütze seine vielen Glieder,
und ein Baum erwächst daraus
und ein Kirchturm und ein Haus
und ein Fenster und ein Ofen –
eine Sphinx für Philosophen!
Wolken von besondrer Schwere,
Schiffe hinten auf dem Meere,
Sternenbilder, Alpenketten
formst du draus gleich Silhouetten,
kurz, in linearem Risse
schaffst du jegliche Kulisse.
‚Wirklichkeit' zwar schaust du nie,
doch es jauchzt die Phantasie.
Deine massigen Materien,
Palmström, schick sie in die Ferien!
Statt ein schildkrötplumpes Leben
lass uns Blitzstrahl-Chiffern geben. –
Ja, fürwahr, gezückt mit Witz,
wird dies schwache Reis zum Blitz,
der, des Dichters Blitz verbündet,
dessen Wortwelt hintergründet!

## Sprachstudien

Korf und Palmström nehmen Lektionen,
um das Wetter-Wendische zu lernen.
Täglich pilgern sie zu den modernen
Ollendorfschen Sprachlehrgrammophonen.

Dort nun lassen sie mit vielen andern
welche gleichfalls steile Charaktere,
(gleich als ob's ein Ziel für Edle wäre),
sich im Wetter-Wendischen bewandern.

Dies Idiom behebt den Geist der Schwere,
macht sie unstät, launisch und cholerisch...
Doch die Sache bleibt nur peripherisch.
Und sie werden wieder Charaktere.

# Die Wissenschaft

So beschließen beide denn
nach so manchem Doch und Wenn

sich mit ihren Theorien
vor die Wissenschaft zu knien.

Doch die Wissenschaft, man weiß es,
achtet nicht des Laienfleißes.

Hier auch schürzt sie nur den Mund,
murmelt von ‚Phantasmen' und

beugt sich wieder dann auf ihre
wichtigen Spezialpapiere.

Komm, spricht Palmström, Kamerad,
alles Feinste bleibt privat.

## Die Korfsche Uhr

Korf erfindet eine Uhr,
die mit zwei Paar Zeigern kreist,
und damit nach vorn nicht nur,
sondern auch nach rückwärts weist.

Zeigt sie zwei, – somit auch zehn;
zeigt sie drei, – somit auch neun;
und man braucht nur hinzusehn,
um die Zeit nicht mehr zu scheun.

Denn auf dieser Uhr von Korfen,
mit dem janushaften Lauf,
(dazu ward sie so entworfen):
hebt die Zeit sich selber auf.

## Alpinismus

Palmström rechnet mit v. Korf zuhaus
den Kubikinhalt der Alpen aus,
(denn er denkt die Alpen sich als einen
Würfel aus Turisten, Kühen und Steinen)
und fixiert des Würfels Höh auf praeter
propter 63 Kilometer.
Er besteigt, statt dass wie sonst er reist,
ihn in Julinächten oft im Geist.
190000 Fuß ob Tschime
liegt er, und sieht faustgroß die Gestirne.

# Palmströms Uhr

Palmströms Uhr ist andrer Art,
reagiert mimosisch zart.

Wer sie bittet, wird empfangen.
Oft schon ist sie so gegangen,

wie man herzlich sie gebeten,
ist zurück- und vorgetreten,

eine Stunde, zwei, drei Stunden,
je nachdem sie mitempfunden.

Selbst als Uhr, mit ihren Zeiten,
will sie nicht Prinzipien reiten:

Zwar ein Werk, wie allerwärts,
doch zugleich ein Werk – mit Herz.

# Der Automat

Angeregt durch Korfs Geruchs-Sonaten,
gründen Freunde einen, Aromaten.

Einen Raum, in welchem, kurz gesprochen,
nicht geschluckt wird, sondern nur gerochen.

Gegen Einwurf kleiner Münzen
treten aus der Wand balsamische Trompeten,

die den Gästen in geblähte Nasen,
was sie wünschen, leicht und lustig blasen.

Und zugleich erscheint auf einem Schild
des Gerichtes wohlgetroffnes Bild.

Viele Hunderte, um nicht zu lügen,
speisen nun erst wirklich mit Vergnügen.

# Im Winterkurort

Um das Frösteln der Spatzen abzuschaffen
gründet Palmström eine Mäntelfabrik.
Diese liefert den p. p. Spatzen Waffen
wider den Frost in Form von Ulstern, Pelzen
u.s.w. Man sieht sie zur Kurmusik
auf der Promenade behäbig stelzen.

Palmström an eine Nachtigall, die ihn nicht schlafen ließ
Möchtest du dich nicht in einen Fisch verwandeln
und gesanglich dementsprechend handeln?
Da es sonst unmöglich ist,
dass mir unternachts des Schlafes Labe
blüht, die ich nun doch notwendig habe!
Tu es, wenn du edel bist!

Deine Frau im Nest wird dich auch so bewundern,
wenn du gänzlich in der Art der Flundern
auftrittst und im Wipfel wohlig ruhst,
oder, eine fliegende Makrele
sie umflatterst, holde Philomele,
(die du mir gewiss die Liebe tust!)

## Die weggeworfene Flinte

Palmström findet eines Abends,
als er zwischen hohem Korn
singend schweift, eine Flinte.

Trauernd bricht er seinen Hymnus ab
und setzt sich in den Mohn,
seinen Fund zu betrachten.

Innig stellt er den Verzagten,
der ins Korn sie warf, sich vor
und beklagt ihn von Herzen.

Mohn und Ähren und Cyanen
windet seine Hand derweil
still um Lauf, Hahn und Kolben...

Und er lehnt den so bekränzten
Stutzen an den Kreuzwegstein,
hoffend zart, dass der Zage,

noch einmal des Weges kommend,
ihn erblicken möge – und –
(.. Seht den Mond groß im Osten ..)

## Die Priesterin

Nachdenklich nickt im Dämmer die Pagode..
Daneben tritt aus ihres Hauses Pforte
T'ang-ku-ei-i, die Hüterin der Orte
vom krausen Leben und vom grausen Tode.

Aus ihrem Munde hängt die Mondschein-Ode
Tang-Wangs, des Kaisers, mit geblümter Borte,
in ihren Händen trägt sie eine Torte,
gekrönt von einer winzigen Kommode.

So wandelt sie die sieben ängstlich schmalen
aus Flötenholz geschwungnen Tempelbrücken
zum Grabe des vom Mond erschlagnen Hundes –

und brockt den Kuchen in die
Opferschalen – und lockt den Mond,
sich auf den Schrein zu bücken,
und reicht ihm ihr Gedicht gespitzten Mundes ...

## Die Mittagszeitung

Korf erfindet eine Mittagszeitung,
welche, wenn man sie gelesen hat,
ist man satt.
Ganz ohne Zubereitung
irgend einer andern Speise.
Jeder auch nur etwas Weise
hält das Blatt.

## Notturno in Weiss

Die steinerne Familie,
aus Marmelstein gemacht,
sie kniet um eine Lilie,
im Kreis um eine Lilie,
in totenstiller Nacht.

Der Lilie Weiß ist weicher
als wie das Weiß des Steins,
der Lilie Weiß ist weicher,
doch das des Steins ist bleicher
im Weiß des Mondenscheins.

Die Lilie, die Familie,
der Mond, in sanfter Pracht,
sie halten so Vigilie,
wetteifernde Vigilie,
in totenstiller Nacht.

## Der eingebundene Korf

Korf lässt sich in einen Folianten einbinden,
um selben immer bei sich zu tragen;
die Rücken liegen gemeinsam hinten,
doch vorn ist das Buch auseinandergeschlagen.

So dass er, gleichsam flügelbelastet,
mit hinter den Armen flatternden Seiten
hinwandelt, oder zu anderen Zeiten
in seinen Flügeln blätternd rastet.

## Die Brille

Korf liest gerne schnell und viel;
darum widert ihn das Spiel
all des zwölfmal unerbetnen
Ausgewalzten, Breitgetretnen.

Meistes ist in sechs bis acht
Wörtern völlig abgemacht,
und in ebensoviel Sätzen
lässt sich Bandwurmweisheit schwätzen.

Es erfindet drum sein Geist
etwas, was ihn dem entreißt:
Brillen, deren Energien
ihm den Text – zusammenziehen!

Beispielsweise dies Gedicht
läse, so bebrillt, man – nicht!
Dreiunddreißig seinesgleichen
gäben erst – Ein Fragezeichen!!

# Der durchgesetzte Baum

Palmström lässt sich eine Kapsel baun
und erfüllt dieselbe mit Alaun.

Hierauf pflanzt er sie in seinen Garten,
um den Wuchs des Kornes abzuwarten.

Regen fällt und Sonne scheint darauf
und die Erde nimmt das Korn in Kauf,

lässt sich täuschen oder denkt: dem Mann
macht es Spaß und mir kommt‘s nicht drauf an.

Und so treibt sie aus der Kapsel Hals
ein Alaunreis zierlich und voll Salz,
und das Reis erwächst, man glaubt es kaum,
bis zu einem wundervollen Baum.

Palmström (ohne vor Triumpf zu turkeln!)
lässt den Baum von A bis Z ver – gurgeln

und von jedermann, der Halsweh hat. –
Palmström wird der Favorit der Stadt.

## Die Windhosen

Beim Windhosenschneider Amorf
erstehen sich Palmström und Korf
zwei Windbeinkleider aus best-
empfohlenem Nordnordwest.

So angetan wirbeln sie quer
und kreuz über Festland und Meer
und fassen die Schurken beim Schopf
und lassen die Guten beim Topf.

Der Wetterwart schaut sie und stutzt:
zum ersten Mal sieht er verdutzt,
was sonst rein phänomenal,
im Dienst einer klaren Moral.

## Mopsenleben

Es sitzen Möpse gern auf Mauerecken,
die sich ins Straßenbild hinauserstrecken,

um von sotanen vorteilhaften Posten
die bunte Welt gemächlich auszukosten.

O Mensch, lieg vor dir selber auf der Lauer,
sonst bist du auch ein Mops nur auf der Mauer.

## Vom Zeitung lesen

Korf trifft oft Bekannte, die voll von Sorgen
wegen der sogenannten Völkerhändel.
Er rät: Lesen Sie doch die Zeitung von übermorgen.

Wenn die Diplomaten im Frühling raufen,
nimmt man einfach ein Blatt vom Herbst zur Hand
und ersieht daraus, wie alles abgelaufen.

Freilich pflegt man es umgekehrt
zu machen, und wo käme die Jetztzeit denn sonst auch hin!
Doch de facto sind das nur Usus-Sachen.

## Die Zimmerluft

Korf erfindet eine Zimmerluft,
die so korpulent, dass jeder
Gegenstand drin stecken bleibt.

Etwa mitten, wenn er mit dem Feder-
halter grade nicht mehr schreibt,
weil die Dienstmagd an die Türe pufft –

gibt er kurzweg ihm ein Alibi –
mitten in die Luft entweder
oder sonst wo in ihr, gleichviel wo und wie.

## Bilder

Bilder, die man aufhängt umgekehrt,
mit dem Kopf nach unten, Fuß nach oben,
ändern oft verwunderlich den Wert,
weil ins Reich der Phantasie erhoben.

Palmström, dem schon frühe solches kund,
füllt entsprechend eines Zimmers Wände,
und als Maler großer Gegenstände
macht er dort begeistert Fund auf Fund.

## Muhme Kunkel

Palma Kunkel ist mit Palm verwandt,
doch im Übrigen sonst nicht bekannt.
Und sie wünscht auch nicht bekannt zu sein,
lebt am liebsten ganz für sich allein.

Über Muhme Palma Kunkel drum
bleibt auch der Chronist vollkommen stumm.
Nur wo selbst sie aus dem Dunkel tritt,
teilt er dies ihr Treten treulich mit.

Doch sie trat bis jetzt noch nicht ans Licht,
und sie will es auch in Zukunft nicht.
Schon, dass hier ihr Name lautbar ward,
widerspricht vollkommen ihrer Art.

## Der Papagei

Palma Kunkels Papagei
spekuliert nicht auf Applaus;
niemals, was auch immer sei,
spricht er seine Wörter aus.

Deren Zahl ist ohne Zahl:
Denn er ist das klügste Tier,
das man je zum Kauf empfahl,
und der Zucht vollkommne Zier.

Doch indem er streng dich misst,
scheint sein Zungenglied verdorrt.
Gleichviel, wer du immer bist,
er verrät dir nicht ein Wort.

## Die Zirbelkiefer

Die Zirbelkiefer sieht sich an
auf ihre Zirbeldrüse hin;
sie las in einem Buche jüngst,
die Seele säße dort darin.

Sie säße dort wie ein Insekt
voll wundersamer Lieblichkeit,
von Gottes Allmacht ausgeheckt
und außerordentlich gescheit.

Die Zirbelkiefer sieht sich an
auf ihre Zirbeldrüse hin;
sie weiß nicht, wo sie sitzen tut,
allein ihr wird ganz fromm zu Sinn.

## Schicksal

Der Wolke Zickzackzunge spricht:
ich bringe dir, mein Hammel, Licht.

Der Hammel, der im Stalle stand,
ward links und hinten schwarz gebrannt.

Sein Leben grübelt er seitdem:
warum ihm dies geschah von wem?

# Der Droschkengaul

‚Ich bin zwar nur ein Droschkengaul,
doch philosophisch regsam;
der Fress-Sack hängt mir kaum ums Maul,
so werd ich überlegsam.

Ich schwenk ihn her, ich schwenk ihn hin,
und bei dem trauten Schwenken
geht mir so manches durch den Sinn,
woran nur Weise denken.

Ich bin zwar nur ein Droschkengaul,
doch sann ich oft voll Sorgen,
wie ich den Hafer brächt ins Maul,
der tief im Grund verborgen.

Ich schwenkte hoch, ich schwenkte tief,
bis mir die Ohren klangen.
Was dort in Nacht verschleiert schlief,
ich konnt es nicht erlangen.

Ich bin zwar nur ein Droschkenbgaul,
doch mag ich Trost nicht missen
und sage mir: So steht es faul
mit allem Erdenwissen;

es frisst im Weisheitsfuttersack
wohl jeglich Maul ein Weilchen,
doch nie erreichts – oh Schabernack –
die letzten Bodenteilchen.‘

# Lorus

Fritz Kunkels Pudel ward, noch ungetauft,
von einem Stiefmilchbruder Korfs gekauft.

Es trieb ihn, als er, hilfreich von Natur,
der sogenannten ‚Lore' Leid erfuhr,

sogleich zu ihr: worauf er, der nicht hieß,
sich ihr zum Troste ‚Lorus' taufen ließ:

den Namen also gleichsam auf sich nehmend –
und alle Welt durch diese Tat beschämend!

Korf selbst vollzog den Taufakt unverweilt.
Der Vogel aber war fortan geheilt.

## Das Butterbrotpapier

Ein Butterbrotpapier im Wald,
da es beschneit wird, fühlt sich kalt..

In seiner Angst, wiewohl es nie
an Denken vorher irgendwie

gedacht, natürlich, als ein Ding
aus Lumpen usw., fing,

aus Angst, so sagte ich, fing an
zu denken, fing, hob an, begann,

zu denken, denkt euch, was das heißt,
bekam aus Angst, so sagt' ich – Geist,

und zwar, versteht sich, nicht bloß so
vom Himmel droben irgendwo,

vielmehr infolge einer ganz
exakt entstandnen Hirnsubstanz –

die aus Holz, Eiweiß, Mehl und Schmer,
(durch Angst), mit Überspielung der

sonst üblichen Weltalter, an
ihm Boden und Gefäß gewann –

[mit Überspringung in und an
ihm Boden und Gefäß gewann.]

Mithilfe dieser Hilfe nun
entschloss sich das Papier zu Tun, –

zum Leben, zum – gleichviel, es fing
zu gehn an – wie ein Schmetterling..

zu kriechen erst, zu fliegen drauf,
bis übers Unterholz hinauf,

dann über die Chaussee und quer
und kreuz und links und hin und her –

wie eben solch ein Tier zur Welt
(e nach dem Wind) (und sonst) sich stellt.

Doch, Freunde! werdet bleich gleich mir!:
Ein Vogel, dick und ganz voll Gier,

erblickt's (wir sind im Januar..) –
und schickt sich an, mit Haut und Haar

und schickt sich an, mit Haar und Haut –
(wer mag da endigen!) (mir graut) –

(Bedenkt, was alles nötig war!) –
und schickt sich an, mit Haut und Haar –

Ein Butterbrotpapier im Wald
gewinnt – aus Angst – Naturgestalt...

Genug! Der wilde Specht verschluckt
das unersetzliche Produkt

## Der Sperling und das Känguru

In seinem Zaun das Känguru –
es hockt und guckt dem Sperling zu.

Der Sperling sitzt auf dem Gebäude –
doch ohne sonderliche Freude.

Vielmehr, er fühlt, den Kopf geduckt,
wie ihn das Känguru beguckt.

Der Sperling sträubt den Federflaus –
die Sache ist auch gar zu kraus.

Ihm ist, als ob er kaum noch säße...
Wenn nun das Känguru ihn fräße?!

Doch dieses dreht nach einer Stunde
den Kopf, aus irgendeinem Grunde,

vielleicht auch ohne tiefem Sinn,
nach einer andern Richtung hin.

# Die Fledermaus
## Kurhauskonzertbierterrassenereignis

Die Fledermaus
hört ‚sich' von Strauß.

Der Bogen-Mond wirkt ungewohnt.
Es rührt ihr Flugel die Milchglaskugel.

Der Damen Schar:
Mein Hut! Mein Haar!

Sie stürzt, wirr - worr –
nein Gast ins Pschorr.

Der Pikkolo
entfernt sie: – :so –

Die ‚Fledermaus'
ist grade aus.

# Das Buch

Ein Buch lag aufgeschlagen,
auf irgend einem Pult,
in irgend einer Nacht.

Auf seinen Seiten ruhte
des Mondes bleiches Licht,
des Mondes blasse Lust.

Da ließ die zwei Paginen
der zwei Paginen Geist,
der zwei Paginen Sinn.

Und florte wie ein Schleier,
vom Mondenlicht gelockt,
ins Mondenlicht hinein.

Der Schleier wies die Sonne
(sie stieg von Seite neun
bis Seite Zehn empor

in ihrem schönsten Feuer,
ein strahlend Phänomen,
ein Flammendes Geleucht)..

Sie hing in Mondspinnweben,
ein güldner Ball des Glücks,
ein güldnes heiliges Herz!

Der Fensterrahmen rückte.
Die Klause wurde blau.
Der Schleier sank zurück.

Das Buch lag wieder traumhaft,
samt seiner Majestät,
im wieder nächtigen Raum.

Ein Sturmstoß kam es blättern..
Ein Sturmstoß schloss die Mär.
Vom Turm her scholl es zwölf.

## Geburtsakt der Philosophie

Erschrocken staunt der Heide Schaf
mich an,
als säh's in mir den ersten Menschenmann.
Sein Blick steckt an; wir stehen wie im
Schlaf;
mir ist, ich säh zum ersten Mal ein Schaf.

## Der Maler

Ein Maler kühlte sein Gelüst
und malte in der Apsis Grund
den Teufel wüst wie einen Hund.
Da stieß ihn dieser vom Gerüst.

Doch tiefer unten Maria stand.
Die reichte ihm ganz schnell die Hand
und, dass er stehn kunnt, seinem Fuß
den Schnabel ihres winzigen Schuhs –

und sprach zu dem Erschrocknen: Sieh,
so lohnt die junge Frau Marie
dem Schelm, der heute schier geprahlt,
doch vordem sie so schön gemalt!

## (Angewandte Wissenschaft)

Palmström denkt die Alpen sich als Kubus..
Und besteigt sie so, mit seinem Tubus.

Dreiundsechzighundert Hektometer
überm Spiegel seiner Wohnung steht er –

sieht die Gasschiffflotte der Korona,
und erblickt das Mondschaf in persona.

## Er

Er kratzte sinnend sich den Hinterkopf
mit seinem kleinen Fingernagel, den er
so lange nicht beschnitten hatte, bis
derselbe rings um unsre Erdensphäre
gewachsen war und ihm am Ende jener
den längst inzwischen kahl gewordnen Schopf
hinreichte (Ziel zugleich und Hindernis) –
ob es nicht kürzer auch gegangen wäre.

## Die Glocke

Werbokken in Werbokknen
war ganz aus Käs gemacht,
aus weichem und aus trocknem,
seit jener großen Schlacht –

womit das Volk der Maden
den heiligen Krieg beendet
und sich durch Gottes Gnaden
dem Käse zugewendet.

Nur eine einzige Glocke
verblieb dabei dem Haufen:
Vermöge ihres Käses
begann sie wegzulaufen.

Es war die Käseglocke,
die Glocke Cekesla.
Nicht lang, so hing sie klingend
dem Chor der Sterne nah.

Denn zärtlich ward derselben
ein Dom getürmt empor
aus weißem und aus gelbem
und grünem Käsmarmor.

Der Klöppel ward gedrechselt
aus einem Ziegenkäs,
den man im Grab gefunden
von einem alten Knäs.

Das Läutseil ward geflochten
aus seidnem Parmesan,
und tausend Käseglöckner
zogen tagtäglich daran.

Doch eines Tages sprang sie
aus ihrem Stuhl und –zer!
Seitdem gibts in Werbokknen
wohl keine Glocke mehr.

Seit jenem Tage ward es
ein Land ganz ohne Ruhm
und sank samt seinem Käse
zurück ins Heidentum.

## Es pfeift der Wind...

Es pfeift der Wind. Was pfeift er wohl?
Eine tolle, närrische Weise.
Er pfeift auf einem Schlüssel hohl,
bald gellend und bald leise.

Die Nacht weint ihm den Takt dazu
mit schweren Regentropfen,
die an der Fenster schwarze Ruh
ohn End eintönig klopfen.

Es pfeift der Wind. Es stöhnt und gellt.
Die Hunde heulen im Hofe. –
Er pfeift auf diese ganze Welt,
der große Philosophe.

# Der Papagei

Es war einmal ein Papagei,
der war beim Schöpfungsakt dabei
und lernte gleich am rechten Ort
des ersten Menschen erstes Wort.

Des Menschen erstes Wort war A
und hieß fast alles, was er sah,
z.B. Fisch, z.B. Brot,
z.B. Leben oder Tod.

Erst nach Jahrhunderten voll Schnee
erfand der Mensch zum A das B
und dann das L und dann das Q
und schließlich noch das Z dazu.

Gedachter Papagei indem
ward älter als Methusalem,
bewahrend treu in Brust und Schnabel
die erste menschliche Vokabel.

Zum Schlusse starb auch er am Zips.
Doch heut noch steht sein Bild in Gips,
geschmückt mit einem großen A,
im Staatsschatz zu Ekbatana.

# Das Symbol des Menschen

Zeig mir, sprach zu mir ein Dämon,
zeig mir das Symbol des Menschen,
und ich will dich ziehen lassen.
Ich darauf, mir meine schwarzen
Stiefel von den Zehen ziehend,
sprach: Dies, Dämon, ist des Menschen
schauerlich Symbol; ein Fuß aus
grobem Leder, nicht Natur mehr,
doch auch noch nicht Geist geworden;
eine Wanderform vom Tierfuß
zu Mercurs geflügelter Sohle.
Als ein Bildnis des Gelächters
stand ich da, ein neuer Heiliger.
Doch der Dämon, unbestimmbar
seufzend, bückte sich und schrieb mit
seinem Finger auf die Erde.

## Der Schüler

Ein Schüler in Paris,
gestorben und zur Hölle verdammt,
sich eines Abends wies
vor seinem Lehrer, der noch im Amt.

Ein Hemd war sein Gewand,
das war mit lauter Sophismen bestickt.
Und nachdem er den Unglücksmann angeblickt . .
verneigte er sich und verschwand.

## Aus der Vorstadt

(Mit Seele vorzutragen)

‚Ich bin eine neue Straße
noch ohne Haus, o Graus.
Ich bin eine neue Straße
und sehe komisch aus.

Der Mond blickt aus den Wolken –
ich sage: Nur gemach –
(der Mond blickt aus den Wolken)
die Häuser kommen noch nach!

Ich heiß‘ auch schon seit gestern,
und zwar Neu-Friedrichskron;
und links und rechts die Schwestern
die heißen alle schon.

Die Herren Aktionäre,
die haben mir schon vertraut:
es währt nicht lang, auf Ehre,
so werd ich angebaut.

Der Mond geht in den Himmel,
schließt hinter sich die Tür –
der Mond geht in den Himmel
ich kann doch nichts dafür!‘

## Die zwei Turmuhren

Zwei Kirchturmuhren schlagen hintereinander,
weil sie sonst widereinander schlagen müssten.
Sie vertragen sich wie zwei wahre Christen.
Es wäre dementsprechend zu fragen:
warum nicht auch die Völker
hintereinander statt widereinander schlagen.
Sie könnten doch wirklich ihren Zorn
auslassen, das eine hinten, das andre vorn.
Aber freilich: Kleine Beispiele von Vernunft
änderten noch nie etwas am großen
Narreteispiele der Zunft.

## Theomachie

Schon mancher Stein hat mir geredet,
wenn ich mit Phanta's Zauberstab ihn schlug
und Seelen, die Äonen stumm verträumt,
erschlossen sich mir in geweihter Stunde.

So dazuliegen, wenn sich eng und enger
des Luftgewebes Maschen ziehn, vom Dunkel
gesättigt, und aus schwimmenden Konturen
ein zweites Sein dem Aug entgegengeistert.

## Morgenfahrt

Im Morgendämmer fuhr ich über Land –
die Äcker stumm – die Wälder schwarz und tot –
bis endlich an des Himmels fernstem Rand
sich Streifen zeigten, gelb und rosig rot.

Nicht lange, und wie Feuer und wie Blut
entstieg der Ball den Nebeln feucht und kalt
und übergoss die Flur mit Purpurglut
und wandelte in wogend Gold den Wald.

Und auch auf mich im Wagenzwielicht traf
ein Blitz, mich strahlend wappnend wie zum Streit,
und küsste meine Seele aus dem Schlaf:
Ein Flammengruß aus der Unendlichkeit.

In stillster Nacht
in tief geheimnisvoller Stunde
kam es zu mir auf leisen Engelsfüßen.
Aus allen Tiefen, allen Höhn
umschwoll es mich wie klagendes Getön,
wie einer tiefen Sehnsucht Grüßen.

In stillster Nacht
in tief geheimnisvoller Stunde,
da hab ich mich für alle Zeit
aus heilig heitrem Herzensgrunde
der Schönheit Sonnenreligion geweiht.

## Prolog zu »In Phanta's Schloss«

Längst Gesagtes wieder sagen,
hab ich endlich gründlich satt.
Neue Sterne! Neues Wagen!
Fahre wohl, du alte Stadt,
drin mit dürren Binsendächern
alte Traumbaracken stehn,
draus kokett mit schwarzen Fächern
meine Wunden Abschied wehn.
Kirchturm mit dem Tränenzwiebel
als vielsagendem Symbol,
Holperpflaster, Dämmergiebel,
Wehmutskneipen, fahret wohl!
Hoch in einsam-heitren Stillen
gründ ich mir ein eignes Heim,
ganz nach eignem Witz und Willen,
ohne Balken, Brett und Leim.
Rings um Sonnenstrahlgerüste
wallend Nebeltuch gespannt,
auf die All-gewölbten Brüste
kühner Gipfel hingebannt.
Schlafgemach: mit Sterngoldscheibchen
der Tapete Blau besprengt,
und darin als Leuchterweibchen
Frau Selene aufgehängt.

Längst Gesagtes wieder sagen,
ach! ich hab es gründlich satt.
Phanta's Rosse vor den Wagen!
Fackeln in die alte Stadt!
Wie die Häuser lichterlohen,
wie es kracht und raucht und stürzt!

Auf, mein Herz! Empor zum frohen
Äther, tänzergleich geschürzt!
Schönheit-Sonnensegen, Freiheit
Odem, goldfruchtschwere Kraft
ist die heilige Kräftedreiheit,
die aus Nichts das Ewige schafft.

## Phanta's Schloss

Die Augenlider schlag ich auf.
Ich hab so groß und schön geträumt,
dass noch mein Blick in seinem Lauf
als wie ein müder Wandrer säumt.
Schon werden fern im gelben Ost
die Sonnenrosse aufgezäumt.
Von ihren Mähnen fließen Feuer,
und Feuer stiebt von ihrem Huf.
Hinab zur Ebne kriecht der Frost.
Und von der Berge Hochgemäuer
ertönt der Aare Morgenruf.

Nun wach ich ganz. Vor meiner Schau
erwölbt azurn sich ein Palast.
Es bleicht der Felsenfliesen Grau
und lädt den Purpur sich zu Gast.
Des Quellgeäders dumpfes Blau
verblitzt in heitren Silberglast.
Und langsam taucht aus fahler Nacht
der Ebnen bunte Teppichpracht.

All dies mein Lehn aus Phanta's Hand!
Ein König ich ob Meer und Land,
ob Wolkenraum, ob Firmament!
Ein Gott, des Reich nicht Grenze kennt.
Dies alles mein! Wohin ich schreite,
begrüßt mich dienend die Natur:
ein Nymphenheer gebiert die Flur
aus ihrem Schoß mir zum Geleite;
und Götter steigen aus der Weite
des Alls herab auf meine Spur.

Das mächtigste, das feinste Klingen
entlauscht dem Erdenrund mein Ohr.
Es hört die Meere donnernd springen
den felsgekränzten Strand empor,
es hört der Menschenstimmen Chor
und hört der Vögel helles Singen,
der Quellen schüchternen Tenor,
der Wälder Bass, der Glocken Schwingen.
Das ist das große Tafellied
in Phanta's Schloss, die Mittagsweise.
Vom Fugenwerk der Sphären-Kreisc
zwar freilich nur ein kleinstes Glied.

Erst wenn mit breiten Nebelstreifen
des Abends Hand die Welt verhängt,
und meiner Sinne maßlos Schweifen
in engere Bezirke zwängt
wenn sich die Dämmerungen schürzen
zum wallenden Gewand der Nacht
und aus der Himmel Kraterschacht
Legionen Strahlenströme stürzen
wenn die Gefilde heilig stumm,
und alles Sein ein tiefer Friede –
dann erst erbebt vom Weitenliede,
vom Sphärenklang mein Heiligtum.

Auf Silberwellen kommt gegangen
unsagbar süße Harmonie,
in eine Weise eingefangen,
unendlichfache Melodie.
Dem scheidet irdisches Verlangen,
der solcher Schönheit bog das Knie.
Ein Tänzer, wiegt sich, ohne Bangen,
sein Geist in seliger Eurythmie.

O seltsam Schloss! bald kuppelprächtig
gewölbt aus klarem Ätherblau,
bald ein aus Quadern, nebelnächtig,
um Bergeshaupt getürmter Bau;
bald ein von Silberampeldämmer
des Monds durchwobnes Schlafgemach;
und bald ein Dom, von dessen Dach
durch bleiche Weihrauch-Wolkenlämmer
Sternmuster funkeln, tausendfach!

Das stille Haupt in Phanta's Schoße,
erwart ich träumend Mittemacht:
da hat der Sturm mit rauem Stoße
die Kuppelfenster zugekracht.
Kristallner Hagel glitzert nieder,
die Wolken falten sich zum Zelt.
Und Geisterhand entrückt mich wieder
hinüber in des Schlummers Welt.

# Der Nachtwandler

Sanfter Mondsegen über den Landen.
Schlafstumm Berge, Wälder, Tale.
In den Hütten erstorben die Herde;
an den Herden eingenickte Großmütter,
zu deren Knien offne Enkel-Mäulerchen
unter verhängten Äuglein atmen.
Auf Daunen und Strohsack
schnarchendes Laster, schnarchende Tugend.
Wachend allein: Diebe, Dichter,
Wächter der Nacht; und auf Gassen, in Gärten
und in verschwiegenen Kammern lispelnde Liebe.

Sanfter Mond! Du segnest,
weil du nichts andres kannst.
Aber am Herzen
zehren dir Neid und Groll,
weil die Menschen dich also missachten,
dass sie zu Bett gehn, wenn du kommst.
Ärgerlich ziehn sie die Vorhänge zu
und du stehst draußen
und – segnest milde deine Verächter.

Sanfter Mond! manchmal auch
lugen Herrschergelüste gefährlich vor
unter deiner Demut.
Dann rufst du in verträumte Gehirne:
»Auf! auf!
Ich bin die Sonne!
Kommt! Es ist Tag! «

Und der blöden Schläfer
glaubt es dir mancher
und steigt ernsthaft aus seinen Kissen
und geht gravitätisch
über die Dächer.
Scheel sehen die Kater ihn an.
Er aber wandelt und klettert,
als hätt ihm sein Arzt
die Alpen verschrieben.

Wie? Freundchen!
Hätt ich dich heut gar ertappt?
Mir dünkt, da unten
käm solch ein Wandler!
Armer Fremdling,
– besser Hemdling –
wer bist du?
Welchem Bette enflohst du?
Opferlamm
mondlicher Lüsternheit,
meilenweit musst du gewandert sein!

Redet er nicht im Schlaf? horch!
»Wer ich bin?...
Eine lebendige Litfass-Säule
etikettiert von oben bis unten:
Staatsbürger
Gemeindemitglied
Protestant
Hausbesitzer
Ehemann
Familienvater

Vereinsvorstand
Reserveleutnant
Agrarier
christlicher Germ
Antisemit
Deutschbündler
Sozialmonarchist
Bimetalist
Wagnerianer
Antinaturalist
Spiritist
Kneippianer
Temperenzler
»Wie« ruf ich,
und nie »Mensch?«

Aber da reißt
der Schläfer die Augen auf,
und– »Mensch?«
von verzerrten Lippen heulend
stürzt er
fehltretend
die Felswand hinab,
von Zacke zu Zacke
im Bogen geschleudert.
Ich aber,
ich »Mörder«,
muss unbändig lachen.
Ich kann nicht anders.
Gott helfe dem Armen!
Amen!

## Der beleidigte Pan

Auf der Höhlung
eines erstorbenen Kraters
blies heute Pan
wie Schusterjungen
auf Schlüsseln pfeifen.
Er pfiff »die Welt« aus,
dies sonderbare
zweideutige Stück
eines Anonymus,
das Tag für Tag
uns vorgespielt wird
und niemals endet.
O pfeife doch minder,
teurer Waldgott!
Halt Einkehr, Pan!
Wer hieß dich denn
unter Menschen gehen?...

## Geier Schwermut

Lieb sind mir und heilig
die Götter, Phanta,
an deren Tisch
du mich ludest.
Doch Eines schmerzt mich:
Sind diese Götter
aus meinem ureigensten Ich
herausgezeugt?

Sind sie unsere,
ganz allein unsere Söhne,
Phanta? …

Noch bin ich
nur ein Prometheus,
mit ehernen Ketten
festgeschmiedet
ans Riesenkreuz
der Vergangenheit,
des Felsenstamm
und Felsenarme
gefügt und geschichtet
aus Quaderblöcken
alter Kulturen.

Aber am Herzen
frisst mir
der Geier Sehnsucht.
Langsam füllt sich
zu Füßen mir
die Schale
mit meinem Herzblut.

Lass mich allein,
herrlichstes Weib,
das die Erde mir gab!

Erst wenn rot
bis zum Rand
den goldenen Gral
die Flut erfüllt,
kehr mir zurück!
Dann will ich Dich taufen
mit meinem Blut,
meine schwirrende Schwalbe,
mein heimatlos, heidnisch Kind.

Und dann, denk ich,
Freundin Phanta,
soll unser Bund
erst beginnen.

# Epilog

Am Schreibtisch finde ich mich wieder,
als wie aus krausem Traum erwacht ...
Vor mir ein Buch seltsamer Lieder,
und um mich stille Mondesnacht.
Ich schaue auf den kleinen Ort,
aus dem mein Geist im Zorn geflohn –
Nachtwächter ruft sein Hirtenwort
zu greiser Turmuhr biedrem Ton...
Wie knochige Philisterglatzen
erglänzt des Pflasters holprig Beet...
Und auf den Giebeln weinen Katzen
um ein versagtes tete-a-tete.

Euch also, winklige Gemäuer,
durchschnarcht von edlen Atta Trolls,
bewarf ich einst mit wildem Feuer
aus den Vulkanen meines Grolls!
Ich sah in eurer Kleinlichkeit
die Welt, die in mir selbst ich trug:
es war ein Stück Vergangenheit,
das ich in eurem Bild zerschlug.
Von oben hab ich lachen lernen
auf euer enges Kreuz und Quer!
Wer Kurzweil trieb mit Sonn‘ und Sternen,
dem seid ihr kein Memento mehr!

In tiefentzückten Weihestunden,
fernab dem Staub der breiten Spur,
hab ich mich wieder heimgefunden
zum Mutterherzen der Natur!

In ihm ist alles groß und echt,
von gut und böse unentweiht:
Schönheit ist Kraft ihm, Kraft ihm Recht,
sein Pulsschlag ist die Ewigkeit.
Wen dieser Mutter Hände leiten
vom Heut ins Ewige hinein,
der lernt den Schritt des Siegers schreiten,
und Mensch sein heißt ihm König sein!

## Malererbe

Die Spanne, die nicht Träumen ist noch Wachen,
beschenkt mich oft mit seltsamen Gedichten:

Der Geist, erregt, aus Chaos Welt zu machen,
gebiert ein Heer von landschaftlichen Sichten.

Da wechseln Berge, Täler, Ebnen, Flüsse,
da grünt ein Wald, da türmt es sich granitten,

da zuckt ein Blitz, da rauschen Regengüsse,
und Mensch und Tier bewegen sich inmitten.

Das sind der Vordem fortgepflanzte Wellen,
die meinen Sinn bereitet und bereichert,

das Erbe ihrer Form- und Farbenzellen,
darin die halbe Erde aufgespeichert.

# Die Nachtigall erzählt

»Gestern sah ich aus der Linde
einem Mägdlein in sein Buch.
Golden war der Blätter Rinde
und der Einband blaues Tuch.

‚Der Geliebten!' stand emphatisch
vorn in Arabeskenschrift,
und der Sänger sang ekstatisch
von der Liebe Rausch und Gift.

Fünf mal fünfundzwanzig Seiten
und kein echter Laut und Hall –
doch dafür in jedem zweiten
Liede ich, die Nachtigall.

‚Schluchzend', ‚jubelnd', ‚klagend', ‚lachend',
wie's gerad dem Herrn zu pass. –
Leutchen, schlechte Verse machend,
wisst ihr, ich verbitt mir das! ...

Und ich schlug in meiner Linde
dunkelgrünem Zauberschloss,
dass dem jungen schönen Kinde
heiß das Blut zum Herzen schoss.

Seine Hand sah ich es pressen
auf die Augen, tränenass...
Und das Büchlein glitt, vergessen,
nieder in das hohe Gras.«

## Frühling

Wie ein Geliebter seines Mädchens Kopf,
den süßen Kopf mit seiner Welt von Glück,
in seine beiden armen Hände nimmt,
so fass ich deinen Frühlingskopf, Natur,
dein überschwenglich holdes Maienhaupt
in meine armen, schlichten Menschenhände,
und, tief erregt, versink ich stumm in dich,
indes du lächelnd mir ins Auge schaust,
und stammle leis dir das Bekenntnis zu:
Vor so viel Schönheit schweigt mein tiefstes Lied.

IHR wisst und ahnt es freilich nicht,
was Gott abschwören heißt,
wie groß und traurig der Verzicht
für einen edlen Geist.

Nicht, dass die Bitten es verwarf
bedrückt ein heißes Herz,
doch dass es nicht mehr danken darf,
das ist sein tiefster Schmerz.

# Gesicht

Ich sah dem Tod ins Angesicht;
ich sah nicht, dass er grinste,
er stand in aller Sterne Licht,
sein hehres Bild verbargen nicht
phantastische Gespinste.

In seiner Linken aber hing
ein Ring durchbrochner Larven,
in denen leiser Wind sich fing,
dass es davon in Tönen ging
von vielgestimmten Harfen.

Es waren tote Sterne, die
ihm diese Gastgeschenke
wie Teile einer Harmonie
gelassen; und nun trug er sie,
als ob er ihrer denke.

Was werden wir dem Herrn der Herrn
für eine Larve sticken,
wenn wir, ein ausgebrannter Stern,
ihm einst die Schale von dem Kern
unsrer Kulturen schicken?...

# Meine Kunst

Die Welt ist mein Stein,
aus dem ich mit drängendem Hammer
mir mein Grabmonument
tiefsinnig schlage.
Zu tausend Stößen
stemm ich den Meißel
gegen den harten Fels,
in Ritzen und Löcher
schütz ich den Sprengstoff
großer Gefühle.
Und doch wird es
ein Torso bleiben,
ein Block, vielbehauen
doch unvollendet...
O dass es, wenn heiße Augen
einst zu ihm aufschaun,
wie jenes pygmalionische Bild
Leben gewönne,
hinunterstiege von seinem Sockel
umarmt, umarmend,
ein segnendes Lebendiges,
ein tiefbeglückendes,
einsamen Geistern ein Trost.
Werbe, dränge, ringe mein Stahl,
zwinge den Fels!
Vielleicht, dass doch
Baldurs Schönheit
einst sich aus ihm erhöbe.

## Inmitten der grossen Stadt

Sieh, nun ist Nacht!
Der Großstadt lautes Reich
durchwandert ungehört
der dunkle Fluss.
Sein stilles Antlitz
weiß um tausend Sterne.

Und deine Seele, Menschenkind?...

Bist du nicht Spiel und Spiegel
irrer Funken, die gestern wurden,
morgen zu vergehn –
verlorst in deiner kleinen Lust und Pein
du nicht das Firmament,
darin du wohnst
hast du dich selber nicht vergessen,
Mensch,
und weiß dein Antlitz noch um Ewigkeit?

## Der einsame Christus

Wachet und betet mit mir!
Meine Seele ist traurig
bis an den Tod.
Wachet und betet mit mir!
Eure Augen sind voll Schlafes –
könnt ihr nicht wachen?
Ich gehe,
euch mein Letztes zu geben –
und ihr schlaft…
Einsam stehe ich
unter Schlafenden,
einsam vollbring ich
das Werk meiner schwersten Stunde.
Wachet und betet mit mir!
Könnt ihr nicht wachen?
Ihr alle seid in mir,
aber in wem bin ich?
Was wisst ihr
von meiner Liebe,
was wisst ihr
vom Schmerz meiner Seele!
O einsam! einsam!
Ich sterbe für euch –
und ihr schlaft!
Ihr schlaft!

## Der Wissende

Wer einmal frei
vom großen Wahn
ins leere Aug
der Sphinx geblickt,
vergisst den Ernst
des Irdischen
aus Überernst
und lächelt nur.

Ein Spiel bedünkt
ihn nun die Welt,
ein Spiel er selbst
und all sein Tun.
Wohl lässt er's nicht
und spielt es fort
und treibt es zart
und klug und kühn –
doch lüftet ihr
die Maske ihm:
er blickt euch an
und lächelt nur.

Wer einmal frei
vom großen Wahn
ins leere Aug
der Sphinx geblickt,
verachtet stumm
der Erde Weh,
der Erde Lust,
und lächelt nur.

# Vöglein Schwermut

Ein schwarzes Vöglein fliegt über die Welt,
das singt so todestraurig...
Wer es hört, der hört nichts anderes mehr,
wer es hört, der tut sich ein Leides an,
der mag keine Sonne mehr schauen.

Allmitternacht, Allmitternacht
ruht es sich aus auf dem Finger des Tods.
Der streichelt's leis und spricht ihm zu:
»Flieg, mein Vögeleine flieg, mein Vögelein«
Und wieder fliegt's flötend über die Welt.

In einer Dämmerstunde war's einmal,
dass mir der Tod aus meines Spiegels Grund entgegensah,
ein junger Mann, gleich mir an Angesicht und Wuchs.
»Ich fürchte Dich, mein großer Schatten, nicht«, sprach ich.
»Du hast mich allzu früh mit Dir vertraut gemacht.
Ich weiß, Du wirst mir nie im Schrecken nahn, noch je
das Antlitz dem verzerrn, auf dessen klarer Stirn
der stille Glanz gelassenen Sich-Bescheidens wohnt.
Du wirst mir einst als Bruder kommen, nicht als Feind.«

# ZWEI TRÄUME

## Der gläserne Sarg

Zwölf stumme Männer trugen mich
in einem Sarge von Kristall
hinunter an des Meeres Strand,
bis an der Brandung Rand hinaus.
So hatte ich's im Testament
bestimmt: Man bette meinen Leib
in einem Sarge von Kristall
und trage ihn der Ebbe nach,
bis sie den tiefsten Stand erreicht.
Der Sonne ungeheurer Gott
stand bis zum Gürtel schon im Meer:

An seinem Glanze tränkte sich
wollüstig noch einmal die Welt.
Ich selber lag in rotem Schein
wie ein Gebilde aus Porphyr.
Da streckte katzengleich die Flut
die erste Welle nach mir aus.
Und ging, zurück und schob sich vor
und tastete am Sarg hinauf
und wandte flüsternd sich zur Flucht.
Und kam zurück und griff und stieß
und raunte lauter, warf sich kühn
darüber, einmal, viele Mal.

Und. blieb, und ihrer Macht gewiss,
umlief frohlockend sie mein Haus
und pochte dran und schäumte auf,
als ihrer Faust es widerstand.
Und hoch und höher wuchs und wuchs
das Wasser um mein gläsern Schloss.
Nun wankte es, als hätt ein Arm
und noch ein Arm es rau gepackt,
und scholl in allen Fugen, als
ein Wellenberg auf ihm sich brach
und es wie ein Lawinensturz
umdröhnte und verschüttete.

Und langsam wich der nasse Sand.
Und seitlings neigte sich der Sarg.
Und, unterwühlt und übertobt,
begann er um sich selber sich
schwerfällig in die See zu drehn.
Zu mächtig, dass die Brandung ihn
zum Strand zu schleppen hätt vermocht,
vergrub er rollend sich und mich
in totenstillen Meeresgrund.
So lag ich denn, wie ich gewollt.
Und dunkle Fische zogen still
zu meinen Häupten hin und her.
Und schwarzer Seetang überschwamm
mein Grab. Und mein Bewusstsein schwand.

# Der Stern

Ich träumte einmal, ich läg, ein blasser Knabe,
in einem Kahne schlafend ausgestreckt
und meiner Lider fein Geweb durchflammte
der hohen Nacht geheimnisvoller Glanz.
Und all mein Innres wurde Licht und Schimmer,
und ein Entzücken, das ich nie gekannt,
durchglühte mich und hob mein Wesen
in eine höhere Ordnung der Natur.
Ein leises Tönen hielt mich hold umfangen,
als zitterte in jedem Sternenstrahl
der Ton der Heimat, die ihn hergesendet.
Ein Ton vor allen aber traf mein Herz
und ließ die andern mehr und mehr verstummen
und tat sich auseinander wie der Kelch
der Königin der Nacht und offenbarte
von seinem Grunde mir ein süßes Lied . .
»Wir grüßen dich in deine stillen Nächte
als deiner Zukunft tröstliche Gewähr,
es schalten ungeheure Willensmächte
in unsrer Tage blindem Ungefähr.
Sie ziehn dich von Gestaltung zu Gestaltung,
heut schleppst du dich noch schweren Schrittes hin,
doch bald begabt dich freiere Entfaltung
mit reicherer Natur und höherm Sinn.
So wandeln wir auf leichten Tänzerfüßen,
die wir dereinst auch dein Geschick geteilt,
und dürfen dich mit einem Liede grüßen,
das dich auf Strahlen unsres Sterns ereilt.

O flüchte bald nach unsern Lustgefilden
und lass der kalten Erde grauen Dunst,
o sähst du, zu welch göttlichen Gebilden
uns schuf des Schicksals heiß ersehnte Gunst!
Auf Blumen wandeln wir wie leichter Falter,
aus Früchten saugen wir der Kräfte Saft,
uns ficht kein Elend an, zerbricht kein Alter,
der frühern Leiden lächelt unsre Kraft.
Denn allzu schön. als dass wir uns entzweiten,
erschuf uns das Gestirn, das uns gebar
wir können uns nicht Schmerz und Not bereiten,
die Schönheit macht uns aller Feindschaft bar!
Wir lieben uns aus tiefsten Herzensgründen,
wir trinken unsres Anblicks Glück und Huld,
wir wissen nichts wie ihr von fahlen Sünden,
und keinen ängstigt das Gespenst der Schuld.
O komm! dass sich die dornenlose Rose
auch deiner Schläfe duftend schmiegen kann!
Die schönste Schwester diene deinem Lose
und schenke dich dem schönsten Mann –
o komm –!«

Da unterbrach ein dumpfer Glockenton
die reinen, feinen Stimmen jener Welt.
Ich richtete mich halb im Bette auf –
und sah viel Sterne durch mein Fenster glühn...
und sank zurück. Und weiter floss die Nacht.

# ZWEI ELEMENTARPHANTASIEN

## Meeresbrandung

Warrrrrrrte nur...
wie viel schon riss ich ab von dir
seit den Äonen unsres Kampfs –
warrrrrrrte nur...

wie viele stolze Festen wird
mein Arm noch in die Tiefe ziehn –
warrrrrrrte nur...

zurück und vor, zurück und vor –
und immer vor mehr denn zurück –
warrrrrrrte nur...

und heute mild und morgen wild –
doch nimmer schwach und immer wach –
warrrrrrrte nur.. .

umsonst dein Dämmen, Rammen, Baun,
dein Wehr zerfällt, ich habe Zeit –
warrrrrrrte nur...

wenn erst der Mensch dich nicht mehr schützt –
wer schützt, verloren Land, dich dann?
warrrrrrrte nur...

mein Reich ist nicht von seiner Zeit
er stirbt, ich aber werde sein –
warrrrrrrte nur...

und will nicht ruhn, bis dass du ganz
in meinen Grund gerissen bist –
warrrrrrrte nur...

bis deiner höchsten Firnen Schnee
von meinem Salz zerfressen schmilzt –
warrrrrrrte nur...

und endlich nichts mehr ist als Ich
und Ich und Ich und Ich und Ich
warrrrrrrte nur...

## Die Flamme

»So sterben zu müssen –
auf einer elenden Kerze!
Tatenlos, ruhmlos
im Atemchen
eines Menschleins
zu enden!...
Diese Kraft,
die ihr alle nicht kennt –
diese grenzenlose Kraft!
Ihr Nichtse!...
Komm doch näher,
du schlafender Kopf!
Schlummer,
der du ihn niederwarfst
ruf doch dein Brüderlein Tod –
er soll ihn mir zuschieben –
den Lockenkopf –
ich will ihn haben – haben!

Sieh,
wie ich ihm entgegenhungre!
Ich renke mir alle Glieder
nach ihm aus...
ein wenig noch näher –
näher –
ein wenig
jetzt vielleicht –
wenn's glückt
ah! du Hund!
Er will erwachen?
still –
still –
so ist's noch'n besser!
Der Pelz am Mantel –
der Pelz – der Pelz –
hinüber – hinüber –
ah! fass ich dich – hab ich dich –
hab ich dich, Brüderchen –
Pelzbrüderchen, hab ich dich- ah!
Hilft dir nichts –
wehr dich nicht mehr!
Mein bist du jetzt –
Hand weg!
Wasser weg!
Mein bist du jetzt!
Wasser weg!
Wart, da drüben ist
auch noch für mich –
so –
den Vorhang hinauf –
fängst mich nicht mehr –

Tuch – Tuch –
jetzt bin ich Herr!
Siehst du, jetzt breit ich mich
ganz gemächlich im Zimmer aus –
lass doch den Wasserkrug!
Lass doch das Hilfgeschrei!
Bis sie kommen,
bin ich schon längst
in den Betten und Schränken –
und dann könnt ihr nicht mehr herein –
und ich beiß in die Balken der Decke –
die dicken, langen, braunen Balken –
und steig in den Dachstuhl –
und vom einen Dachstuhl
zum andern Dachstuhl –
und irgendwo –
werd ich wohl Stroh finden
und Öl finden
und Pulver finden –
das wird eine Lust werden!
Das wird ein Fest werden!

Und wenn ich die Häuser alle zernichtet –
dann wollen wir mit Wäldern
die Fische in den Flüssen kochen –
und ich will euch hinauftreiben
auf die kältesten Berge –
und da droben
sollt auch ihr meine Opfer werden,
sollt ihr meine Todesfackeln werden –
und dann wird alles still sein
und dann–«

# Kleine Geschichte

Litt einst ein Fähnlein groß-, Not,
halb war es gelb, halb war es rot,
und wollte gern zusammen
zu einer lichten Flammen.

Es zog sich, wand sich, wellte sich,
es knitterte, es schnellte sich –
umsonst! es mocht nicht glücken
die Naht zu überbrücken.

Da kam ein Wolkenbruch daher
und wusch das Fähnlein kreuz und quer,
dass Rot und Gelb, zerflossen,
voll Inbrunst sich genossen.

Des Fähnleins Herren freilich war
des Vorgangs Freudigkeit nicht klar –
indes, die sich besaßen,
nun alle Welt vergaßen.

# Anmutiger Vertrag

Auf der Bank im Walde
han sich gestern zwei geküsst.
Heute kommt die Nachtigall
und holt sich, was geblieben ist.
Das Mädchen hat beim Scheiden
die Zöpfe neu sich aufgesteckt...
Ei, wie viel blonde Seide da
die Nachtigall entdeckt!

Den Schnabel voller Fäden,
kehrt Nachtigall nach Haus
und legt das zarte Nestchen
mit ihrem Golde aus.

Freund Nachtigall, Freund Nachtigall,
so bleib's in allen Jahren! –:
Mir werd ein Schnäblein voll Gesang,
dir eins voll Liebchens Haaren!

# Das Häuschen an der Bahn

Steht ein Häuschen an der Bahn,
hoch auf grünem Hügelplan.

Tag und Nacht, in schnellem Flug,
braust vorüber Zug um Zug.

Jedes Mal bei dem Gebraus
zittert leis das kleine Haus -:

»Wen verlässt, wen sucht auf
euer nimmermüder Lauf?«

»O nehmt mit, o bestellt,
Grüße an die weite Welt!«

Rauch, Gestampf, Geroll, Geschrill …
Alles wieder totenstill.

Tag und Nacht dröhnt das Gleis.
Einsam Häuschen zittert leis.

## Künstlerideal

O tiefe Sehnsucht, die ich habe,
erfülltest du dich einst einmal,
dass ich nach dieses Lebens Grabe
mich wieder fänd in Lust und Qual –
in einem neuen Künstlerwerden,
in einem Gott des Tons, des Steins ...
dass ich in ewigen Gebärden
so webte am Gewand des Scheins.

Ob Not und Leid des Schöpfers Lose,
nur Schöpfer sein bedünkt mich wert;
aus bittren Dornen flammt die Rose,
nach der mein ganzes Blut begehrt.
Oh, immer neu mit vollen Händen,
der Schönheit Meister, aufzustehn,
von Welt zu Welt, mit hehren Bränden,
ein unbekannter Gott, zu gehn!

# Der Urton

Fernher schwillt
eines Dudelsacks
einförmig-ewigwechselnde
Melodie:

Unaufhörlich
hebt und senkt sich
über dem Urton

ihr unerfassliches Spiel.

Auf dem ehernen Tische
Unendlichkeit
liegt unermesslicher Sand gebreitet.
Da streicht ein Bogen

die Tafel an:
Einen Ton
schwingt und klingt
die fiebernde Fläche.
Und siehe!
Der Sand
erhebt sich und wirbelt
zu tausend Figuren.

Aus ihnen,
den tanzenden
tönenden
glühenden
schlingen sich Tänze,
binden sich Chöre,
winden sich Kränze,
umringen sich,
fliehen sich,
finden sich wieder.

Aber das Spiel
der Formen, Farben und Töne
durchbrummt
unaufhörlich,
beherrscht
fürchterlich – unerfasslich
der tiefe Urton.

. . .

fern verschwillt
des Dudelsacks
einförmig-ewigwechselnde
Melodie.
Dorf, Wald, Welt
versinkt mir
schweigend
in Nacht.

# Der einsame Turm

Wer laut von diesem längst verlassnen Turm
der Tannen Ringwald überrufen wollte,
und trüge, was er riefe, stärkster Sturm,
er ahnte, dass es nie sein Ziel errollte.

So einsam steigt der alte Bau empor-,
er fühlte Fürsten einst auf seinen Stufen,
bis, dunkler Taten schauerlich verrufen,
sein stiller Reiz der Menschen Gunst verlor.

Nur, dass von Jägern sich zuweilen wer
vorbei verirrt, von wanderfrohen Seelen,
von Bettelpack, und wer die Kreuz und Quer
den Forst durchschleicht, sich Holz und
Wild zu stehlen;

nur, dass an seinem Fuß zuweilen sich,
wie heut, Zigeunervolk sein Reisig schichtet
und mit der Bogen wehmutwildem Strich
sein Weltweh in den fremden Frieden dichtet.

In allen Kronen hängt noch goldner Glanz ...
Die Sonne säumt noch, ihren Tag zu enden ...
Der Söllerblöcke halb zerfallnen Kranz
umlodert noch ihr scheidendes Verschwenden.

Und aus dem Purpur schwillt es wie ein Born,
ein Strom von Tönen –: Abends erst Erschauern
erregt des Turms uraltes Äolshorn,
der Sonne nachzujauchzen, nachzutrauern.

Die Heimatlosen drunten horchen auf —
und einer nimmt die Geige von den Knien
und strebt mit manchem jähen Sprung und Lauf
des Winds Gesang phantastisch zu durchziehen.

Und wie so Wind und Seele sich verweben,
erwachen mehr und mehr der treuen Geigen.
Ein aller Leidenschaften schluchzend Leben
erstürmt des Himmels immer tiefres Schweigen.

Gefangen folgt zuletzt die ganze Schar
der Windposaune wunderlichen Launen.
Nun rast es tollkühn, unberechenbar...
Nun stockt es wie in fragendem Erstaunen.

O Sonne! Sonne! Mutter! Mutter! flehen,
verzweifeln, weinen, drohen all die Stimmen
und drohn und flehn in immer bangren Wehen,
je mehr des Tages Brände rings verglimmen.

Doch droben – seht ihr? die Zigeunerin!
Entstahl sie sich dem Kreis der braunen Söhne?
Wo kam sie her, das Weib? Wie kam sie hin?
Wie wächst sie hoch in schattenhafter Schöne!

Und hört ihr – hört! wie ihre Lippen singen
ein Lied, das endlich alles überwindet,
in sich die andren Stimmen alle bindet,
damit Natur und Menschheit sie umklingen.

Es ist das tiefe Lied der Einsamkeit,
das Königslied der großen Ungekrönten,
das Klagelied der würdelosen Zeit,
das Trotzlied aller nur mit sich Versöhnten,

und ist der Weisheit gütiger Gesang,
des Willens jugendewiges. »Es werde!« ,
der Liebe Durst und Pein und Überschwang;
es ist das Schicksals-Hohelied der Erde.

Der Wald ward still. Kein Hauch im Wipfelschweigen.
Der Sterne Chor bewegt sich klar herauf . .
Und schlanke Leiber, edle Häupter zeigen
sich hoch vom Turme seinem ersten Lauf.

Die überall Verstoßenen, sie wohnen
in der Unendlichkeit azurnem Zelt-:
Um ihre Stirnen brennen bleiche Kronen,
und ihre Seelen sind der Sinn der Welt.

# Geier Nord

Der Geier Nord fliegt übern Wald,
in einen grauen Sack gekrallt,
er hat nicht leicht zu tragen.
Er fliegt zu niedrig ob der Erd‘,
die Fichten drohen ihm Gefährd‘,
die dort so spitzig ragen.

Da ... schon ... da hängt das Wolkentuch!
Hörst du des Geiers grausen Fluch?
Er muss es fahren lassen:
Und aus dem aufgerissnen Sack
spreun lustig sich auf Tann und Hag
Frau Holles weiße Massen.

Erdmännlein halten hohle Hand
und schmücken mit dem Glitzer-Tand
laut kichernd ihre Weiblein.
Die stelzen hoch daher, doch weh!
schon schmelzen die Geschmeid‘ aus Schnee,
und nass sind alle Leiblein.

Am Himmel kommt der Nord zurück
mit einem neuen Wolkenstück –
doch wieder bleibt es hängen.
Wenn das so fort geht –, Leutlein, rennt
nach Haus, sonst wird das Element
euch ernstlich noch bedrängen!

Das Völklein läuft. Der Geier gibt's
voll Trotz nicht auf – unendlich stiebt‘s
aus aufgespießten Säcken.
Den ganzen Tag, die ganze Nacht ...
Wohl tausend Stück, von ihm gebracht,
den Waldgrund nun bedecken.

## Krähen bei Sonnenaufgang

Noch flieht der Blick des jungen Tags
der Berge nebelgraue Gipfel,
und schon entschwebt, gemessnen Schlags,
die erste Krähe ihrem Wipfel.

Der schwankt, befreit von schwerer Last,
dass rings die Zweige sich bewegen:
Fahlsilbern sprüht von Ast zu Ast
des Frühtaus feiner Flüsterregen.

Doch eh sein Flüstern noch erstickt,
enttönt ein »Krah« dem stillen Raume:
Der Vogel hat am Wolkensaume
das erste blasse Rot erblickt.

Auf allen Wipfeln wacht es auf
und schüttelt sich und ruft nach Taten …
In lautem Streiten und Beraten
erhebt sich endlich Hauf um Hauf.

Nur zwei Gewitzte warten schlau,
bis alles nach und nach verstoben,
sie wissen einen nahen Bau,
den gestern Jäger ausgehoben.

Ein Käuzleinflügel harrt hier noch,
die Kecken lecker zu belohnen –:
das Paar umkreist erregt das Loch...
Braungolden glänzt das Meer der Kronen...

## Eins und alles

Meine Liebe ist groß
wie die weite Welt,
und nichts ist außer ihr,
wie die Sonne alles
erwärmt, erhellt,
so tut sie der Welt von mir!

Da ist kein Gras,
da ist kein Stein,
darin meine Liebe nicht wär,
da ist kein Lüftlein
noch Wässerlein,
darin sie nicht zög einher!

Da ist kein Tier
vom Mücklein an
bis zu uns Menschen empor,
darin mein Herze
nicht wohnen kann,
daran ich es nicht verlor!

Meine Liebe ist weit
wie die Seele mein,
alle Dinge ruhen in ihr,
sie alle, alle,
bin ich allein,
und nichts ist außer mir!

# Der alte Steinbruch

Tief im Walde, tief im Walde
bildet, fern der Wege Reich,
eines Bruchs verlassne Halde
einen kleinen, stillen Teich.

Moosbewachsne Blöcke ragen
aus der seichten Regenflut,
Falter und Libellen jagen
über bunter Lurche Brut.

Aber wenn im Abendbrande
hinterm Wald die Glut verraucht,
stößt und rudert es vom Rande,
kriecht und klettert, plumpst und taucht.

Und der Unken Urgrossahne
– niemand weiß, wann Gott ihn schuf –
ruft, dass er sein Weibchen mahne,
seinen dunklen Werberuf.

Dass das Froschgeschlecht nicht sterbe,
bleibt zuletzt nicht einer still:
Denn der Tümpel ist ein Erbe,
das getreu gewahrt sein will.

Liebeskranke Grunzer fliehen
der bewegten Weibchen Schlund;
immer kühnre Harmonien
füll'n den dämmertrauten Grund.

Bis des Mondes Goldhorn endlich
neuen Schimmers alles speist:
Nun erwahrt sich unabwendlich
trunkner Nächstenliebe Geist...

Tief im Walde, tief im Walde
schwärmt Froschbräutigam und -braut
in versteckter Steinbruchhalde,
bis der letzte Stern ergraut.

# An die Wolken

Und immer wieder,
wenn ich mich müde gesehn
an der Menschen Gesichtern,
so vielen Spiegeln
unendlicher Torheit,
hob ich das Aug
über die Häuser und Bäume
empor zu euch,
ihr ewigen Gedanken des Himmels.
Und eure Größe und Freiheit
erlöste mich immer wieder,
und ich dachte mit euch
über Länder und Meere hinweg
und hing mit euch
überm Abgrund Unendlichkeit
und zerging zuletzt
wie Dunst,
wenn ich ohn Maßen
den Samen der Sterne
fliegen sah
über die Äcker
der unergründlichen Tiefen.

## Der freie Geist

Oh, das ist Glück, wenn so zerschlagen
die Welt zu deinen Füßen liegt;
wohin dich deine Flügel tragen,
ist aller Raum und Zeit besiegt.
Du schnellst dich tanzend durch die Weiten
und lachst der Menschen Wert und Wort,
ein Stück Natur aus Ewigkeiten,
selbst Urteil, Stunde, Maß und Ort.

## Geheime Verabredung

Glühend zwischen dir und mir
Julinächte brüten;
gleiche Sterne dort und hier
unsern Schlaf behüten.

Wähl das schönste Sternelein,
will das gleiche tuen; -
morgen droben Stelldichein
auf geheimen Schuhen.

Gibst du nur nichts anderm Raum,
als mich dort zu finden,
wird ein gleicher süßer Traum
dich und mich verbinden.

# Auf dem Strome

Am Himmel der Wolken
erdunkelnder Kranz...
Auf schauerndem Strome
metallischer Glanz...
Die Wälder zu seiten
so finster und tot...
Und in flüsterndem Gleiten
vorüber mein Boot...
Ein Schrei aus der Ferne
dann still wie zuvor...
Wie weit sich von Menschen
mein Leben verlor!...
Eine Welle läuft leise
schon lang nebenher,
sie denkt wohl, ich reise
hinunter zum Meer...
Ja, ich reise, ich reise,
weiß selbst nicht wohin...
Immer weiter und weiter
verlockt mich mein Sinn...
Schon kündet ein Schimmer
vom morgenden Rot
und ich treibe noch immer
im flüsternden Boot.

## Bestimmung

Von dieser Bank hinauszuträumen,
wenn ferner Erdsaum, lichtverwaist,
entgegen den gestirnten Räumen
die Sonne dampfend überkreist! ...

Da fühle deine treue Erde,
wie sie ihr Weltwerk schafft und schafft,
dass jedes Land gesegnet werde
von ihrer Mutter trunkner Kraft!

Und wie du heiß die Arme breitest,
von mächtigem Gefühl erfasst,
und dein Gemüt zur Menschheit weitest,
die dumpf und dunkel liebt und hasst –

ergreifst du, was du bist, von ferne,
und, was du darfst, und, was du musst,
und wirst dir deiner guten Sterne
von neuem still und stolz bewusst.

# Gebet

O Friede, der nun alles füllet,
erfüll auch uns mit süßer Ruh,
und bis ein Tag sich neu enthüllet,
deck uns mit trauten Träumen zu.

Wie manches, was des Tages Wille
mit rechter Klarheit nicht ergreift,
dem hilf, dass es in deiner Stille
zu freundlicher Vollendung reift!

Wen Schicksalsschläge grausam trafen,
den lass vergessen, was geschehn;
wer neid- und hasserfüllt entschlafen,
den lass versöhnt den Morgen sehn!

So allem, dem gleich uns auf Erden
zuteil des Lebens schwankes Los,
lass deines Segens Tiefe werden,
gib Kraft aus deinem heiligen Schoß!

# Stilles Reifen

Alles fügt sich und erfüllt sich,
musst es nur erwarten können
und dem Werden deines Glückes
Jahr und Felder reichlich gönnen.

Bis du eines Tages jenen
reifen Duft der Körner spürest
und dich aufmachst und die Ernte
in die tiefen Speicher führest.

GLÜCKLICH, die wir auf der Zeiten
Wasserscheide noch geboren,
zwiefach Rauschen in den Ohren,
zweier Welten Grenze schreiten –

Ruhend an den Quellentoren
dunkelnder Vergangenheiten,
in der Zukunft Morgenbreiten
großen Auges nun verloren.

Dort der Kindheit Seligkeiten…
Götterträume, vielbeschworen…
Bräuche, die Millionen weihten…
Hier, noch fern in Rosenfloren,
neuer Erde Sichbereiten…
Völker, neuem Kampf erkoren.

## Tags darauf

Klavierspiel aus demselben Haus! Ei, Teure,
Dein Geist geht dort geschäftig um. Ich lausche.
Tanzt, stürmt, beherzte Finger! Überrausche
mit Schöpfung mich! Gib mir das Ungeheure!

Schaff, dass ich mit dem Träumer Träume tausche
und mit dem Seher Chaos stark durchsteure, –
weck auf ihr Leben, dass es mich befeure
durch Deins. Wie Deins, als Deins: Ich lausche ... lausche.

Du spielst Chopin... Die schmeichelnde Berceuse,
das Impromptu, die schmerzlichen Etüden ...
Du spielst von Ihm – nach dem ich immer rufe –

die Hundertelfte, mit der Abgrundstufe
am Anfang – (dass der Tod nun endlich löse
die Riemen seiner Schuhe einem Müden...)

Alle Dinge sind Vermählung,
dieses mögt ihr überdenken,
dieses Wort will ich euch schenken:
Alles, alles ist Vermählung.

Alles ist Einander-Wählung,
ist ein Sich in Dich Versenken –
und aus solchem Urverschränken
ewig dritten Wesens Schälung.

Mann und Weib und – Kind, so schau ich
Welt und Gott vor mir gebreitet;
ahne nicht, wohin es schreitet.

Aber dass es schreitet, trau ich.
Denn ich glaube an die große
unsagbare Schönheit Gottes.

## Abends hinunter

Dunkle Laubengänge empfangen mich
und der milchig bleiche Mond
und das taubenweiche Hochgebirg
und verflogne Violenklänge

von dem Stadtpark drunten, wo bunt Gedränge
auf und ab wandelt, das immer gleiche. –
Ich aber, eh ich den Lärm und Schwarm erreiche,
wandle erst noch durch orphische Traubengehänge,

wandre hügelabwärts, gehalten stürmend,
unter Cedern, Platanen, durch Tulpenrabatten,
im Gemüt demiurgische Quadern türmend:

Baustoff, vom Sternodem der Nacht durchgeistert,
und gemarmort von den silbernen Schatten
deiner Liebe, die mich noch immer meistert.

## Mondnacht über Meran

Die Geisterstadt... Als wie ein Teppichbild,
daran ein Träumer jahrelang gewebt,
so steht sie da im Mondenduft und lebt,
ein ganz zu Traum verflüchtigt Erdgefild.

Und drüber seidet Allblau dämmermild,
von Sternen-Kinderaugen scheu durchstrebt.
Und jetzo! Mitternacht! Der Äther bebt,
als rührte Geistergruß an einen Schild.

Ein Traumbild, – leichtlich tausenden gesellt
auf einer Göttin Brunnenüberhang,
die schimmernd steht auf Speer und Schild gelehnt...

Und eben war's, dass dieser zwölfmal klang:
Gott grüßt im Träume seine Göttin Welt,
die sich nach Ihm, wie er nach Ihr sich, sehnt.

Ich hebe gerne Blumen auf vom Boden,
die andre achtlos fortgeworfen haben,
und gebe ihnen, was man Blumen gibt.

So sterben sie, statt kalt im Kot begraben,
doch noch den süßesten von allen Toden:
den Tod bei einem Wesen, das sie liebt.

# Die Uhr

Da steht die Uhr zum ersten Male still,
die Uhr, die vierzehn Tage nun gegangen,
die ersten vierzehn Tage einer langen
Umfassung, die, so scheint‘s, nicht enden will.

Denn ungelöst noch halten sich umfangen
die Seelen, die kein launischer April,
die Herbst vermählt mit goldenem Sigill,
und die vereint nun vor dem Winter bangen, –

dem Winter nicht, der dieses Jahr entkleidet,
wir lächeln seines grimmen Sichvermessens,
das uns, wir wissen‘s fröhlich, nichts verschlägt; –

doch ihm, dem Winter, der die Herzen scheidet,
auf immer, ihm, dem Winter des – Vergessens,
dem Winter, der den Tod im Mantel trägt...

## Schauder

Das ist es, was mich zittern lässt vor Grauen
in allem Glücke, das ich dir verdanke:
der Zweifel: wohnt in diesem Liebestranke
der Zauber einer oder vieler Frauen ...

Du lehrtest einen lang Versunknen schauen!
Doch wird entflorter Blick nun nicht die Schranke
durchtaumeln, wie der süßen Weines Schwanke,
dem jählings schwant, was alles Reben brauen?

Du bist doch nicht bloß Zauberstab und -türe
zu Gärten, die nicht schon in dir beschlossen?
Du wirst doch selbst mein Garten sein und Hafen?

O komm, dass mich allein Dein Herz verführe,
in Ihm, ein Quell auf alle Zeit ergossen,
von neuem blind, zu wachen und zu schlafen.

# Meran-Vineta

Die Nacht ist finster, ohne Stern und Mond.
Jetzt schläfst du, Stadt, auf tiefem Meeresgrund,
vom Trollenvolk Ertrunkner bloß bewohnt;
und ist in deinem Reich kein andrer Mund,

als der dem Schrei der Geisterstunde front,
dem Erzschrei, der aus Tor und Pforte rund
die Toten wirbelt, blinden Auges und
der Spanne durstig, die der Schemen schont.

Hoch droben übern Spiegel zieht ein Boot...
Das Ruder ruht. Und eine Stimme bebt:
Horch, Herz, da drunten läutet jetzt der Tod...

Da fühl ich, wie mein Sinn dem Graun entstrebt –
Ich reiße los mich von Vinetas Not
und sage laut: Doch dein Geliebter lebt!

Wie Sanct Franciscus schweb ich in der Luft
mit beiden Füßen, fühle nicht den Grund
der Erde mehr, weiß nicht mehr, was das ist.

Seid still! Nein, – redet, singt, jedweder Mund!
Sonst wird die Ewigkeit ganz meine Gruft
und nimmt mich auf wie einst den tiefen Christ.

Das Tier, die Pflanze, diese Wesen hatten
noch die un-menschliche Geduld der Erde;
da war ein Jahr, was heut nur noch Sekunde.

Jetzt geht ihr nichts mehr rasch genug von statten.
Der Mensch begann sein ungeduldig Werde.
Sie spürt: »Jetzt endlich kam die grobe Stunde

auf die ich mich gezüchtet Jahrmillionen!
Jetzt brauch ich meinen Leib nicht mehr zu schonen,
jetzt häng ich bald als Geist an Gottes Munde.«

Der Morgen war von übersanftem Schmelz,
der harte Berg war nicht mehr Stein und Krume,
der Wald wie purpurbrauner Falter Pelz.
Und drüber quoll des Weltraums Blaue Blume
aus ewigem Kelch ihr tiefstes Ja und Amen.
Und vor dem allem stand im jungen Strahl
ein Mensch und nahm dies Heilige Morgenmahl
Dir zum Gedächtnis und in Deinem Namen.

Nimm an, es gäbe einen Himmelsherrn;
so wollen wir von ihm für einst erflehn:
er lasse uns auf irgendeinem Stern
als einen Strauch voll Rosen auferstehn.
Ich will die Wurzel sein, Du sei der Strauch,
ich will die Zweige sein, Du sei das Blatt,
ich sei die Rose, Du sei ihr Arom.
So ineinander unaufhörlich satt,
so eins in jeder Faser, jedem Hauch,
sei unser Leben dann ein Dankesstrom.

# Hochsommernacht

Es ist schon etwas, so zu liegen,
im Aug der Allnacht bunten Plan,
so durch den Weltraum hinzufliegen
auf seiner Erde dunklem Kahn!

Die Grillen eifern mit den Quellen,
die murmelnd durch die Matten ziehe;
und droben wandern die Gesellen
in unerhörten Harmonien.

Und neben sich ein Kind zu spüren,
das sich an deine Schulter drängt,
und ihr im Kuss das Haar zu rühren,
das über hundert Sterne hängt...

Es ist schon etwas, so zu reisen
im Angesicht der Ewigkeit,
auf seinem Wandler hinzukreisen,
so unaussprechlich Eins zu Zweit...

## Der vergessene Donner

Ein Gewitter, im Vergehn,
ließ einst einen Donner stehn.

Schwarz in einer Felsenscharte
stand der Donner da und harrte –

scharrte dumpf mit Hals und Hufe,
dass man ihn nach Hause rufe.

Doch das dunkle Donnerfohlen –
niemand kams nach Hause holen.

Sein Gewölk, im Arm des Windes,
dachte nimmer seines Kindes –

flog dahin zum Erdensaum
und verschwand dort wie ein Traum.

Grollend und ins Herz getroffen
lässt der Donner Wunsch und Hoffen ...

richtet sich im Felsgestein
wie ein Bergzentaure ein.

Als die nächste Frühe blaut,
ist sein pechschwarz Fell ergraut.

Traurig sieht er sich im See
fahl, wie alten Gletscherschnee.

Stumm verkriecht er sich, verhärmt;
nur wenn Menschheit kommt und lärmt,

äfft er schaurig ihren Schall,
bringt Geröll und Schutt zu Fall...

Mancher Hirt und mancher Hund
schläft zu Füßen ihm im Schrund.

# Fisch und Wind

Wie der Wind
über das Wasser tanzt –
das weit; der Fisch
und bildet's ihm in hundert Schuppen nach...
und zeigt's dem wieder
der ihn fängt,
zeigt's schillernd ihm –:
wie sein geliebter Fernhertänzer Wind
im Sonn- und Mondenschein
des Baches blanken Spiegel droben
hundertmuschelig
schuppt...

## Sommernacht im Hochwald

Im Hochwald sonngesegnet
hat's lange nicht geregnet.

Doch schaffen sich die Bäume
dort ihre Regenträume.

Die Espen und die Erlen –
sie prickeln und sie perlen.

Das ist ein Sprühn und Klopfen
als wie von tausend Tropfen.

Die Lärchen und die Birken –
sie fühlen flugs es wirken.

Die Fichten und die Föhren –
sie lassen sich betören!

Der Wind weht kühl und leise.
Die Sterne stehn im Kreise.

Die Espen und die Erlen:
sie schaudern tausend Perlen ...

## Sie an Ihn:

»In meinen Tränen halt ich dich gefangen,
als wie in einem Spiegel, der zu Perlen
zerrann – doch jede Perle Spiegel noch.

Im Spiegel meines Auges wohntest du.
Der Spiegel brach. Doch jede seiner Perlen,
als die er hintropft, – spiegelt noch dein Bild.

»Auf der Treppe sitzen meine Öhrchen,
wie zwei Kätzchen, die die Milch erwarten ...
Auf der Treppe sitzt mein Herz und harret,
wie ein Geistchen, Kinn in Hand gestützet.

Doch der Bote mit den Briefen kommt nicht.
Taub und ohne Seele drin im Zimmer
lieg ich. Wünsche nichts zurück zu haben.
Nicht die rosa Kätzchen, nicht das Geistchen.«

# Inhalt